Anselm Grün

¿Qué quiero?
Coraje y valor para decidir

Título original:
Was will ich? Vier-Türme-Verlag

Grün, Anselm
¿Qué quiero? : coraje y valor para decidir .

Traducido por: José Arturo Quarracino

1. Espiritualidad Cristiana. 2. Autoayuda.

Corrección: *Pablo Valle*
Diseño de interiores: *Natalia Siri*
Diseño de cubierta: *Fabio López*

Todos los derechos reservados

No se permite la reproducción parcial o total, el almacenamiento, el alquiler, la transmisión o la transformación de este libro, en cualquier forma o en cualquier medio, sea electrónico o mecánico, mediante fotocopias, digitalización u otros métodos, sin el permiso previo y escrito del editor.

Introducción

En los seminarios para personal de administración y ejecutivos, los participantes me preguntan con frecuencia, en las rondas de diálogo, cómo pueden aprender a tomar buenas decisiones. Muchos de ellos tienen la impresión de que están permanentemente bajo presión para decidir. Esta presión los sobreexige y los hace gastar mucha energía. A otros hombres les cuesta mucho más y necesitan tiempo para poder tomar decisiones. En cada caso, podrían tomar la decisión correcta, pero dudan siempre y se preguntan cuál podría ser esa decisión correcta. De este modo, buscan caminos concretos para poder tomar decisiones acertadas. Ante todo, se preguntan cómo podrían reconocer cuál es la decisión correcta y qué prácticas existirían para decidir una dirección cuando los argumentos para seguir direcciones diferentes son igualmente sólidos.

Pero la "decisión" se refiere no sólo a los planes concretos que tenemos que trazar en nuestra profesión o en nuestra jornada. A cada instante de nuestra vida cotidiana, debemos decidir si seremos víctimas o si daremos forma a nuestra vida. Podemos decidirnos por lamentarnos o por transformarnos, por la ira o por la serenidad interior, por la desdicha o por la felicidad.

Muchos libros que hoy aparecen en el mercado suscitan la impresión de que podemos tener todo en nuestras manos; que, a través de decidirnos por las buenas ideas y los buenos sentimientos, podemos, en cierto modo, crearnos a nosotros mismos. Esto es exagerado. Y, sin embargo, en esta visión hay un átomo de verdad: nosotros somos responsables de decidir con cuáles ideas o cuáles sentimientos reaccionamos ante lo que nos sucede.

En nuestras manos, está la decisión a favor o en contra de la vida. Así Dios ya puso a los israelitas ante la decisión entre la vida y la muerte: "Yo he puesto delante de ti la vida y la muerte, la bendición y la maldición. Elige la vida, y vivirás" (Dt 30, 19).

La decisión a favor de la vida no es solamente una decisión fundamental que alguna vez tenemos que tomar. Más bien, estamos permanentemente exigidos para decidir ahora, en este instante, a favor de la vida. Expresado en lenguaje religioso, esto significa también decidirse a cada instante por Dios, decidir a favor de una vida que sea acorde con la voluntad de Dios.

Están las grandes decisiones de la vida. En ellas, se plantea casarse o no casarse, abrazar esta o aquella profesión, cambiar de puesto de trabajo y de lugar de residencia, permanecer casado o no. Y están las decisiones de la vida cotidiana: si ahora compro esto o aquello, si llevo hacia aquí o hacia allí lo que cae en mis manos, cómo reacciono ante los pedidos de mis hijos, si digo sí o no. Permanentemente estamos puestos frente a decisiones. A menudo, las tomamos sin grandes consideraciones previas. Pero es también provechoso considerar las opciones y luego buscar caminos, así como puedo tomar tanto las numerosas y pequeñas decisiones como también las grandes, de tal modo que esté en armonía conmigo mismo.

Por eso, yo quisiera exponer en este libro algunos pensamientos sobre el tema "decisión y proceso de decisión". Así como siempre pregunto ante todo a la Biblia qué respuestas da ella, para hacer entonces algunas sugerencias a partir de los aspectos espirituales y psicológicos. Escribo este libro para los hombres que me han hablado de sus dificultades para tomar decisiones. Al escribirlo, tengo a la vista sus pensamientos y sus preguntas.

Muchos de ellos querrían, quizás, incluir en sus decisiones a Dios y al Espíritu Santo, pero les faltan palabras adecuadas para ello. Al final del libro, he formulado algunas oraciones para las diferentes facetas del tema formulado, que les pueden servir como sugerencia y ayuda.

Los saludo y espero que ustedes, queridos lectores y queridas lectoras, encuentren en este libro sugerencias también para ustedes y sus decisiones; decisiones que los sigan ayudando en forma totalmente concreta.

———

1

La decisión en el Evangelio de san Lucas

El evangelista san Lucas escribe su Evangelio en el contexto de la filosofía y la mitología griegas. Para los griegos, el tema de la "decisión" era central. La leyenda griega de Hércules conoce, por ejemplo, a "Hércules en la encrucijada". En este relato, Hércules debe decidirse entre la sensibilidad y el placer, por un lado, y la virtud *("areté")*, por el otro lado.

Con esta leyenda, los griegos expresan que cada uno de nosotros está frente a la decisión de optar por el camino agradable o por el pesado, por el camino del placer superficial o por el camino de la virtud, por el camino de una vida triunfante. Que la vida sea exitosa o no está en nuestras manos, pero debemos elegir entre el camino que conduce al abismo y el camino que promete la verdadera vida.

Para los griegos, el buen camino es el camino de la virtud, que es acorde con la voluntad de los dioses. La mujer, quien corporiza la virtud, no le promete a Hércules una vida sencilla: "Sabes, entonces, que de todo lo que es bueno y digno de desear los dioses no admiten nada sin trabajo y esfuerzo" (citado en Wickert, 65).

San Lucas toma las ideas griegas sobre la decisión y sobre la elección, y las tematiza en varios pasajes de su Evangelio. También los otros evangelistas nos cuentan que Jesús ha puesto a los hombres frente a la decisión entre la vida y la muerte, entre la fe y la incredulidad. Pero, en el Evangelio lucano, el tema de la "decisión" se desplaza completamente hacia el centro. Por eso, yo quisiera limitarme aquí al Evangelio de Lucas para obtener de la Biblia respuestas a la cuestión de las decisiones victoriosas.

Ya al comienzo de su Evangelio, san Lucas nos muestra las dos posibilidades de reacción al mensaje del ángel: podemos dudar como Zacarías o confiar como María. Como Zacarías, nos podemos presionar con argumentos racionales frente a la decisión; o bien, como María, nos podemos entregar a las inspiraciones internas que nos suscita un ángel.

Si con María podemos decidir entregarnos a estas inspiraciones internas, al mensaje de Dios, entonces también nace Dios en nosotros, y así entramos en contacto con nuestra imagen original y genuina, la que Dios ha hecho de nosotros.

El anciano Simeón augura al niño Jesús que él será el signo que obligue a los hombres a tomar una decisión: "Este niño será causa de caída y de elevación para muchos en Israel; será signo de contradicción" (Lc 2, 34). Los espíritus se dividen a causa de Jesús. No se puede encontrar a este Jesús y mantenerse indeciso. Él exige siempre una decisión. Uno no puede mirar cómodamente a Jesús desde un sofá y continuar simplemente con su vida. Cuando leemos las palabras de Jesús, ellas nos exigen que nos escapemos de la existencia inconsciente y decidamos vivir conscientemente; es decir, decidirnos por la vida y por el amor. La decisión tiene que ver aquí con el despertar del sueño al que nos hemos entregado.

En las tentaciones de Satanás, Jesús mismo es puesto frente a la decisión de optar por sí mismo y su fama, o bien elegir la voluntad de Dios (cf. Lc 4, 1-13). Al igual que Jesús, también nosotros somos tentados a ponernos en el centro y aprovechar todo solamente para nosotros. Aquí es necesaria, en cada momento, la decisión de servir a Dios, y no al propio ego.

En su primera predicación en la sinagoga de Nazaret, Jesús pone a los oyentes frente a la decisión de seguir su testimonio o rechazarlo (cf. Lc 4, 16-30). La primera reacción de los oyentes fue entusiasmarse. Pero, como Jesús los pone frente a la decisión, el entusiasmo se transforma rápidamente en rechazo. Conozco esta tentación: yo querría refugiarme a la luz de un hombre grande y reconocido pero, en cuanto me pone frente a una decisión, lo rechazo. Jesús me pone frente a esta decisión. No puedo sólo meditar simplemente en forma piadosa sobre él; debo decidirme por seguirlo o recorrer mi propio camino.

El tema de la decisión se muestra ante todo en las bienaventuranzas y en las aflicciones (cf. Lc 6, 20-26). San Mateo ha descrito las ocho bienaventuranzas como un camino de sabiduría: Jesús muestra ocho caminos a través de los cuales la vida puede llegar a buen puerto. En san Lucas, Jesús no presenta una doctrina sobre la sabiduría, sino que habla directamente a los oyentes. En este Evangelio, no se dice "felices los que son pobres de espíritu", sino "felices ustedes los pobres". Él les habla a los pobres, a los hambrientos, a los que lloran y a los excluidos de la comunidad, y les promete la salvación. Les dice: Tu vida se puede transformar, también para ti es posible la felicidad; está en ti cómo te desenvuelvas con tu pobreza, con tu llanto y con tu hambre. Jesús alienta a los excluidos, en el sentido de que Dios los observa y de que ellos, al confiar en Dios en medio del odio que les profesan, reciben bendiciones a través de los hombres.

También se podrían entender de otro modo estas bienaventuranzas de Jesús. Se podría decir que Jesús les expresa, a los diferentes grupos de personas, que ellas deben decidirse por la vida. No importa cuál sea la situación en la que ellas se encuentran: pueden decidirse por la bienaventuranza, por la felicidad, o bien por la infelicidad, por el llanto y por el lamento.

Los pobres no tienen todo eso, porque han caído en la pobreza. Pero ellos pueden o bien llorar y quejarse de su situación, o bien decidirse por el Reino de Dios. Pueden reaccionar a la pobreza, en tanto la aceptan y se dejan llevar a Dios por ella. Cuando Dios gobierna en ellos, entonces su pobreza exterior se transforma en riqueza interior.

Lamentablemente, las palabras de Jesús son utilizadas hoy, en muchos círculos cristianos, de forma muy distinta. Justamente los pobres son acusados por los pentecostalistas estadounidenses de dejarse dominar por un "demonio de la pobreza". La fe debe, entonces, expulsar a ese espíritu de pobreza, pues de este modo los pobres serán ricos en dinero y bienes. Para esta forma de pensar, la fe es un camino hacia la riqueza exterior. Pero Jesús la entendió de modo diferente. El pobre, muchas veces, no puede transformar su pobreza exterior, pero a pesar de ello puede decidir buscar a Dios en su corazón. Dios es el verdadero tesoro. Cuando Dios gobierna en mí, entonces tengo lo suficiente, pues no es más importante cuánto dinero tengo.

Para los que tienen hambre, Jesús dice: "Denles ustedes de comer". Ésta no es solamente una promesa exterior. Jesús exige a los hambrientos que luego busquen al que realmente los alimenta. Aunque tengo hambre corporal, puedo ser satisfecho espiritualmente. No soy solamente dependiente de las circunstancias externas. Muchos hoy permanecen inmóviles, en una actitud expectante: los otros deberían alimentarlos. Pero lo que otros nos den jamás puede llenar nuestro vacío interior.

Necesitamos otro alimento que nos satisfaga realmente. Jesús habla de la palabra que proviene de la boca de Dios y que nos satisface más que el pan. Cuando dejamos caer la palabra de Dios en nuestro corazón, entonces nuestra alma se satisface. Nuestro anhelo más profundo es expresado y completado por la palabra de Dios. El verdadero hambriento es el que tiene hambre de amor, de ser aceptado y de paz interior. A este hambriento no lo calma el pan, sino esa palabra que me asegura que soy amado incondicionalmente, sin límites.

Algo parecido sucede con los que lloran. Cuando Jesús les augura que ellos reirán, esto no es sólo una promesa, sino al mismo tiempo una exhortación: Tú también te puedes decidir por la risa; puedes mantenerte en el llanto o puedes intentar ver de forma diferente lo que te lleva al llanto. Algunas veces, el llanto también expresa que no podemos soportar cuando nuestros deseos interiores no se cumplen. Jesús exhorta a los que lloran a que se hagan una verdadera idea sobre sus criterios, deseos e ilusiones.

Cuando alguien nos lastima y enferma, no sólo somos víctimas. También podemos dejar lo que lastima en el otro, y luego reírnos del que nos enferma con palabras. No nos reímos de él, pero con la risa nos distanciamos de su acción que lastima.

En cierto modo, es válido el principio según el cual, en cada situación, nos podemos decidir por la alegría. No debemos eliminar en ella los sentimientos negativos, pero debemos relativizarlos.

Algunos hombres deciden vivir lamentándose. Giran siempre sobre sí mismos, autocompadeciéndose, y creen que los demás son culpables del hecho de que a ellos les vaya tan mal. Jesús observa a estos hombres y confía en que ellos se decidan por otro camino, por el camino de la alegría. Si me libero de las palabras enfermizas que me llevan al llanto y si me vuelvo hacia mi corazón, allí encontraré una fuente de alegría.

Mi estado de ánimo no depende solamente de los otros. Yo mismo soy responsable de esos sentimientos que dejan huella en mí. En esto, no debo ponerme bajo presión y suprimir los sentimientos negativos, como si yo tuviese la obligación de estar siempre de buen humor. Pero debo analizar mi tristeza y mi llanto, y preguntarme si, en definitiva, no son la causa de ellos las necesidades o las ilusiones infantiles que me hago.

Otro grupo al que Jesús dirige la palabra es el de los que son odiados e insultados por los hombres, y los que están excluidos de la comunidad. Podríamos decir que son los intimidados y los menospreciados por los demás. Jesús los exhorta a alegrarse.

Esto suena como una sobreexigencia. Pero, si soy menospreciado, yo debería tener en claro que los demás proyectan sus problemas sobre mí. Por un lado, debo liberarme interiormente de sus proyecciones. Por otro lado, me puedo remitir a Dios. El principio sobre el que edifico mi vida no es la aprobación de los hombres sino, en última instancia, el amor de Dios. Si reacciono de este modo al menosprecio que recibo de los demás, ese menosprecio no tiene ningún poder sobre mí.

Está, entonces, nuevamente en mi decisión la forma en que reacciono a lo que me excluye de la comunidad y me persigue. Puedo abandonarme en la autocompasión a causa de la intimidación, o bien puedo asumir la situación como un desafío, para crecer interiormente. Así obtengo un punto firme desde el cual puedo observar lo que otros hacen conmigo, sin ser derribado.

Jesús les augura a los que son excluidos de la comunidad una gran recompensa en el cielo. Esto suena para ellos como un augurio para consolarlos. Pero, en realidad, significa que ahora nosotros, los que somos perseguidos por otros hombres, podemos descubrir en nosotros la morada celestial. La persecución nos obliga a descubrir en nosotros un lugar de refugio en el que experimentamos el cielo en nosotros. Ahí nos sentimos libres y amados, porque Dios habita en nosotros.

A los pobres, a los hambrientos, a los que lloran y a los insultados, Jesús les muestra caminos en los que ellos puedan decidirse a favor de la felicidad, de la dicha y de la alegría. En los cuatro clamores dolorosos que siguen a las bienaventuranzas, Jesús se dirige a los ricos, a los saciados, a los que ríen y a los que son alabados por los hombres. Les habla en la forma yo-tú y les advierte: Tu riqueza puede destruirse, tu risa convertirse en llanto, y tu estar satisfecho, en hambre; ten en cuenta no sentirte tan seguro, tu vida se puede transformar en lo opuesto; nada de lo que tienes es seguro; no puedes apoyarte en tu situación actual; por eso, toma una decisión a favor de tu vida.

Al rico le dice: Si te defines solamente por tu riqueza, no tienes ningún otro consuelo y entonces pierdes el punto de apoyo; no tienes nada sobre lo cual puedas edificar realmente; en consecuencia, decídete por lo que sostiene realmente tu vida: decídete por la riqueza interior. Al satisfecho le dice: Si tapas tu hambre interior con comida y bebida, entonces siempre tendrás más hambre; en consecuencia, decídete por lo que te alimenta realmente; y piensa que sólo saciarse cansa y te hace perezoso, y que vives hasta ahora por estar saciado en la vida; decídete por la vida porque, de lo contrario, serás carcomido por tu vacío interior.

Al que ríe, le dice: Ten cuidado, que tu risa sobre los demás no se vuelva contra ti, de modo que tú formes parte de los que son burlados. Jesús muestra a los hombres las consecuencias de su obrar. No es natural que los que se ríen rían siempre. Ellos llorarán si no se deciden a favor de la vida.

A los que se entregan al elogio de los hombres, Jesús pone ante sus ojos cuán frágil es el fundamento del elogio. Hoy experimentamos esto en la sociedad: los hombres son elogiados excesivamente en los medios de comunicación y, poco tiempo después, son condenados al infierno.

Todo aquello sobre lo que edificamos nuestra vida —riqueza, estar saciados, risa y reconocimiento— es frágil. Por eso, deberíamos decidirnos por un fundamento que sea firme y fuerte. Nada es seguro. Es necesario renovar siempre la decisión a favor de la vida. El que se decide por ella es como un hombre prudente que edifica su casa sobre roca. Por eso, su casa no puede ser destruida por el resquebrajamiento de las ilusiones. Su casa está edificada sobre un fundamento firme; en definitiva, sobre Dios mismo. El hombre prudente no sólo ha escuchado las palabras de Jesús, sino que también ha obrado de acuerdo con ellas. Se ha decidido por vivir de ese modo, tal como Jesús le ha dicho. Este decisión ofrece un fundamento sobre el cual él puede construir su casa de la vida, de tal modo que no sea derribada ni por crisis ni por tormentas ni por persecuciones externas, ni por rechazos ni por prejuzgamientos.

Con estas cuatro bienaventuranzas, y con los cuatro clamores dolorosos, san Lucas quiere decir: Debes decidirte si quieres ser bendecido y afortunado, o perjudicarte a ti mismo. Y él dice: No importa en qué situación estás, si en la pobreza o en la riqueza, no consideres nada de eso. Depende de cada situación que te decidas por Dios; sólo así, tu vida será dichosa. No te apoyes ni en tu riqueza ni en tu piedad, sino que, en cada momento, decídete por Dios. Y decídete por el camino que conduce realmente a la vida.

También se podrían entender las palabras del sermón en san Lucas como una convocatoria a decidirse a favor de la vida. "Pero yo les digo a ustedes que me escuchan: Amen a sus enemigos, hagan el bien a los que los odian. Bendigan a los que los maldicen, rueguen por los que los difaman" (Lc 6, 27 y ss.). La enemistad surge siempre a partir de las proyecciones. Alguien proyecta en mí algo que él no puede aceptar en sí mismo. Pero es mi decisión cómo reacciono respecto de ello: si acepto la enemistad y luego lucho contra el enemigo, o si considero la proyección, me distancio de ella y veo en el enemigo al necesitado de ayuda y dominado por el temor, que proyecta su miedo sobre mí.

Me decido por un modo de ver totalmente determinado. Es el modo de ver del amor que visualiza en el enemigo al hombre que anhela el amor. El amor es una reacción activa. Cuando reacciono a la enemistad con enemistad, permanezco atascado en la pasividad, me dejo arrancar la reacción por el enemigo.

Jesús nos muestra tres modos en que podemos reaccionar activamente ante la enemistad de otro. En cada una de estas tres reacciones, decidimos elevarnos del rol de víctima y ser el hacedor que puede transformar activamente la situación en la que se recomienda pasividad.

La primera reacción se muestra, para Jesús, en que hago el bien a los que me odian. En tanto los trato bien, ellos se pueden transformar. Cuando les hago algo malo, ellos se sienten confirmados en su odio y en su maldad. Pero, en mi obrar, no me dejo presionar por el otro; tampoco por el enemigo. Hago lo que corresponde a mi naturaleza.

La segunda reacción es la bendición. En la bendición, envío, por así decir, energía positiva al que me maldice, quien me lastima con palabras y desliza energía negativa contra mí. Mi bendición se muestra más fuerte. Me defiende frente a la energía negativa del otro y me posibilita encontrar al otro en una forma nueva. La decisión de bendecir al otro me hace bien a mí. Es una decisión a favor de la vida.

En los cursos, frecuentemente hago con los participantes un ejercicio en el que ellos deben bendecir a la persona con la que tienen justamente dificultades. Una mujer me contó que a ella le había ido bien con esa forma de proceder. Había experimentado la bendición como un escudo protector que la había protegido frente a las emociones negativas de los demás, y ella no había permanecido en un rol pasivo. Había sentido la bendición como energía activa, la cual es más fuerte que lo negativo que desde los demás caía sobre ella.

La tercera reacción frente a la enemistad es la de rezar por las personas que me maltratan. En tanto rezo por ellas, me decido por una reacción activa. No permanezco en el rol de víctima, sino que obro activamente y rezo. En la oración, me dirijo a Dios, pero rezo también por los hombres. Me dirijo a los hombres en una forma positiva. Ruego por ellos, para que encuentren su paz interior. La oración transforma mi modo de ver. En la oración, intento pensar en el otro: ¿qué necesita?, ¿qué implora? De este modo, rezo para que Dios le conceda lo que él anhela y lo que necesita, para vivir consigo mismo en paz.

Jesús nos recomienda que nos decidamos por nuestro camino absolutamente personal. No es suficiente hacer simplemente lo que otros hacen, solamente nadando en la corriente general. Jesús expresa esto con la imagen de la puerta estrecha: "Traten de entrar por la puerta estrecha, porque les aseguro que muchos querrán entrar y no lo conseguirán" (Lc 13, 24).

La puerta estrecha es la puerta por la cual debo pasar para recorrer el camino que Dios me ha trazado y en el cual mi vida es coherente. Es necesaria una decisión de vivir mi propia vida e ir por mi camino, el que me conduce a la vida, a la libertad y a la vastedad, y en el cual mi vida lleva fruto a los demás.

Jesús se dirige a los hombres que creen que viven piadosamente, que han comido y bebido con él. Pero Jesús dice: "No sé de dónde son ustedes; ¡apártense de mí todos los que hacen el mal!" (Lc 13, 27).

El que no se lanza a su camino individual y único que Dios le ha asignado, el que obra injustamente, ése vive sin relación con su centro íntimo. Ciertamente, obra piadosamente en sus acciones externas —quizás va a la Iglesia—, pero en definitiva no conoce a Jesús. También en esta frase, san Lucas se muestra como el evangelista de la decisión.

Jesús nos muestra en la parábola de la torre cómo debemos llevar a cabo una decisión: "¿Quién de ustedes, si quiere edificar una torre, no se sienta primero a calcular los gastos, para ver si tiene con qué terminarla? No sea que, una vez puestos los cimientos, no pueda acabar, y todos los que lo vean se rían de él, diciendo: 'Este comenzó a edificar y no pudo terminar'" (Lc 14, 28-30).

Antes de decidirnos a edificar una torre, debemos considerar, primero y antes que nada, si tenemos suficiente material. La imagen de la torre vale para todas las decisiones. Antes que abrazar una profesión, debemos considerar si tenemos en general la capacidad para ella. Antes de que tomemos una decisión sobre nuestra vida, debemos sentarnos y reflexionar si con ella seremos felices. Deberíamos preguntarnos si esta perspectiva es realista o si nos creemos algo que no es y vamos detrás de una ilusión.

La torre es también un símbolo para nuestra propia imagen. Debemos tomar la decisión sobre nuestra vida, de tal modo que ella coincida con nuestra propia imagen. Pongamos un ejemplo: una mujer sufría a causa de padecer sentimientos de inferioridad. Hizo una terapia, y su terapeuta la alentó a confiar más. Por eso, escribió en alguna oportunidad a sus compañeros de trabajo y les exteriorizó todas las agresiones que ella había reprimido durante años. Pero, cuando estuvo sola en su casa, sentada en su habitación, se le cayó la autoestima cuidadosamente edificada en torno a sí misma. Se sentó sintiéndose un puñado de miseria. Había planeado su torre grande, pero no tenía los medios. Se había decidido a tener un comportamiento que no era acorde con su autoestima. Con esto, se hizo daño ella misma. Debemos decidirnos en un modo que sea acorde con nuestra capacidad.

Nuestro potencial, con el cual podemos edificar, son nuestras historias de vida, nuestras capacidades, pero también nuestras heridas. Todo esto es el material que insertamos en nuestra torre. Con la decisión, asumimos la responsabilidad sobre nuestra vida. En vez de acusar a otros de que tenemos pocos medios, con los medios asignados estemos dispuestos a edificar esa torre que es adecuada a nuestra naturaleza.

Jesús habla de decisiones prudentes. El hombre prudente edifica su casa sobre roca, no sobre la arena de sus ilusiones. El administrador prudente toma la mejor decisión para cada momento. No tiene oportunidad de justificarse frente a su señor. Por eso, aprovecha la ocasión y hace venir a los deudores, para perdonarles una gran parte de su deuda. Con esta decisión, él se asegura, para después de su despido, suficientes amigos que lo apoyen. Es una decisión en una situación difícil. En lugar de meter la cabeza en la arena, hace lo que es lo mejor para él (cf. Lc 16, 1-8).

La prudencia es la virtud de tomar buenas decisiones. La piedad sola no alcanza para decidir correctamente. Según santo Tomás de Aquino, la piedad no se refiere sólo a reconocer lo correcto, sino también a un "conocimiento sobre la realidad que es conformado con la resolución prudente" (Pieper, 28). La piedad es la capacidad de "comprender en forma inmediata una situación inesperada y decidir con la máxima agudeza de ingenio" (Pieper, 30).

Según la filosofía de santo Tomás de Aquino, la vacilación o indecisión es un signo de falta de prudencia. El primer paso de la prudencia es el conocimiento de la situación concreta. El segundo paso es la implementación en el obrar, en la decisión. Decisiones prudentes requieren, sin embargo, la "providencia"; es decir, el prever, el ver por anticipado, el ver hacia el futuro. Sólo cuando tengo la meta a la vista, puedo tomar decisiones prudentes para el momento. Aquí, santo Tomás resalta que la prudencia no es certeza sobre la verdad y que, por eso, no puede suprimir la preocupación por las consecuencias de la decisión (cf. Pieper, 39). El que quiera certeza jamás arribará a una decisión. Para santo Tomás de Aquino, la prudencia es justamente lo opuesto de la *"astutia"*, es decir, de la astucia que se ocupa sólo de lo táctico. La prudencia elige el camino que es adecuado a la verdad y que conduce al hombre a la vida verdadera. Para Josef Pieper, corresponde a la esencia de la decisión "que ella sólo puede ser tomada por aquel que está situado en esta decisión" (Pieper, 60). Y, a la vez, es válido que yo no decido sólo para algo o contra algo, decido siempre por mí mismo. La decisión se refiere siempre a la persona misma, que se decide por o contra algo.

Lo que está mentado con el término "decisión", la Biblia lo expresa con frecuencia con el concepto de "elección". Ya el Antiguo Testamento nos pone frente a la decisión de elegir entre la vida y la muerte. En el Salmo 119, dice el salmista: "Elegí el camino de la verdad" (Sal 119, 30). En el Evangelio lucano, Jesús dice de María: "María eligió la mejor parte, la que no le será quitada" (Lc 19, 42). María ha tomado una decisión, ha hecho una elección. Se ha decidido por escuchar y rechaza servir. Marta, su hermana, no había comprendido esta decisión. Ella hubiera preferido que María la ayudara. Ésta es la actividad normal en un ama de casa cuando llegan invitados. Pero María ha decidido otra cosa. Primero, quiso oír lo que Jesús tenía para decir.

Muchas veces, creemos que deberíamos hacer lo que se espera de nosotros. Pero, con frecuencia, son nuestras propias expectativas las que debemos seguir. No seguimos al corazón, sino lo que es usual. María decidió hacer lo que corresponde más aun a la hospitalidad: escuchar lo que el huésped tiene para decir. Jesús le respondió al pedido que le había hecho Marta, que le dijera a María que debía ayudarla a ella: "Marta, Marta, te inquietas y te agitas por muchas cosas, y sin embargo, pocas cosas, o más bien, una sola es necesaria; María eligió la mejor parte, que no le será quitada" (Lc 10, 41).

Mientras que, con frecuencia, al igual que Marta, nos dejamos absorber por muchas cosas y nos despedazamos por ello, María eligió la parte buena: la única, ser una sola cosa. En tanto escuchó a Jesús, se ha hecho una sola cosa con la palabra y con ella misma. En todo lo que hacemos, deberíamos decidirnos siempre a favor del Único, al que le alcanza que seamos uno y nos pongamos en línea con nuestra verdadera esencia.

2
El hombre es decisión

La teología ha abordado el tema de la "decisión", ante todo, en los años sesenta del siglo XX. No es la cuestión de cómo puedo tomar decisiones individuales en una buena forma. Más bien, considera la esencia del hombre, y a la esencia del hombre pertenece que él es en sí decisión. El hombre no sólo decide en forma permanente; por su esencia, es decisión. No "vive" simplemente sólo allí; esto sería contradecir su esencia. Como hombre, debe tomar una decisión para sí y su esencia espiritual. De lo contrario, pierde su humanidad.

Frente a la filosofía griega, en la que el hombre individual es solamente un ejemplo del género "hombre", la tradición judía y cristiana enfatiza siempre el carácter único de cada hombre individual y su historicidad. En la reflexión sobre la historicidad del hombre, una significación importante provino de la decisión. A través de la decisión, el hombre forma su exclusiva existencia histórica. Otro concepto central es la "libertad". El hombre es libre de decidir por Dios o contra Dios. Y alcanza por sí mismo su verdadera esencia a través de sus decisiones.

Los teólogos Johann B. Metz y Karl Rahner se refieren aquí, ante todo, a Soren Kierkegaard, quien ha situado al hombre en la decisión ineludible. El hombre decide sobre sí en su historia, pero él decide también la historia: con sus decisiones, él graba la historia. El hombre no está simplemente presente allí; más bien, debe llegar a ser lo que quiere ser. Él determina, en cierto modo, su ser a través de sus decisiones. A través de las decisiones que toma en el transcurso de su vida, él crea su existencia históricamente única.

Cuando nace, el hombre tiene muchas posibilidades frente a sí. Su tarea es aprehender todas sus posibilidades personales y así poner un sello a su existencia. En su decisión, el hombre se pone firme y padece cierta estrechez: debe despedirse de muchas posibilidades disponibles. Pero, así, él da forma a su historia personal.

Con estas ideas, el hombre actual tiene dificultades, pues a lo mejor él querría mantener abiertas todas las puertas. Pero el hombre que no se decide, y no está dispuesto a someterse a sus propias decisiones, permanece amorfo, no se desarrolla. El que mantiene abiertas todas las puertas está, de alguna manera, frente a puertas claramente cerradas. La cuestión de la capacidad de decisión de un hombre apunta no sólo a su fuerza de voluntad sino, en definitiva, también a la forma en que él se entiende a sí mismo. A la esencia del hombre pertenece que él se ponga firme a través de decisiones y que, de este modo, configure su historia.

El que no asume su historia, porque quiere mantenerla siempre abierta, no crecerá. Se detiene y permanece indeciso. Según santo Tomás de Aquino, esto contradice a la dignidad del hombre. Cuando me caso, me afirmo. Cuando voy al claustro, tomo una decisión que me ata. Naturalmente, en toda disposición a atarse, está también la experiencia de que una unión puede romperse. Pero la posible ruptura no es argumento para no vincularse.

La decisión del hombre tiene para la teología la tendencia "a lo no intercambiable e irrevocable" (METZ, 284). El hombre debe aprovechar el *"kairos"*, la hora ofrecida a él, "la oportunidad del momento" (METZ, 284). Así, él sale de la dispersión en la totalidad.

Sin embargo, el hombre también puede fallar, y fallar con su decisión. Puede pasar por alto el momento correcto, el *"kairos"* ofrecido a él por Dios. Entonces, vive indeciso y perdido en sí mismo, pues "a largo plazo la existencia no puede permanecer indecisa: o bien el hombre decide por sí mismo, o bien se decide sobre él, y con ello el hombre cae por debajo de la dignidad de su existencia histórica" (METZ, 284 y ss.).

Un modo importante de decidir es para el hombre de fe. La fe es la "decisión fundamental del hombre en Dios" (Metz, 287). La decisión fundamental por Dios marca entonces todas las decisiones individuales que el hombre toma en el transcurso de su vida, y en las que él cada vez más forma su existencia histórica.

En el acompañamiento espiritual, siempre he encontrado hombres que anhelaban una asociación pero, aunque ellos tenían un amigo o una amiga con los que se habrían podido unir, se asustaban. No se decidieron; entonces, la vida decidió por ellos. Ahora, con 50 años, todavía están sin un socio o una socia. Se quejan porque no han encontrado a nadie. Pero ellos no pudieron decidir porque habían esperado la solución óptima, el socio ideal o la socia ideal. Por esperar, ellos se cerraron para siempre las puertas a una asociación exitosa.

El jesuita y teólogo Karl Rahner ha meditado el tema de la decisión, ante todo en la visión de la muerte. El hombre es una esencia que permanentemente debe decidir. Pero los hombres no tomamos nuestras decisiones con toda libertad. Con frecuencia, estamos marcados por nuestra historia de vida, por las heridas que nos impiden decidir libremente.

La muerte es la decisión última del hombre. En ella, él decide, así dice Rahner, sobre la totalidad de su vida, y ciertamente con total claridad. En el momento en el que el alma se separa del cuerpo, ella puede disponer totalmente de sí. Pero Rahner no entiende la separación de cuerpo y alma de tal modo que el cuerpo desaparece y el alma abandona el cosmos. Más bien, piensa la separación de alma y cuerpo en la muerte, porque el alma adopta otra relación con el cuerpo.

En el momento de la separación de alma y cuerpo, el hombre decide en su totalidad a favor de Dios o contra Dios. Esto no significa que, por la muerte, debemos suprimir la decisión sobre nuestra vida pues, en las decisiones que tomamos en nuestra vida, nos ejercitamos en esta decisión última de la muerte.

Para Rahner, la muerte es, por un lado, experiencia fatal desde afuera: ella nos alcanza a través de una enfermedad, de un accidente, de una detención repentina de la vida. Pero esto es solamente lo externo que nosotros observamos. El momento interior de la muerte, en el que nos presentamos ante Dios con toda nuestra existencia y nos decidimos a favor o en contra del amor de Dios, no podemos observarlo más desde afuera. En la muerte, nuestra decisión fundamental —que hemos renovado permanentemente en la vida— experimenta su carácter definitivo. Por eso, la muerte nos recuerda permanentemente, en nuestra vida, decidir clara y conscientemente a favor de Dios, con la confianza de que nosotros, en la muerte, decidiremos para siempre a favor de Dios.

Pensar en la propia finitud me recuerda que debo ejercitar mi vida largamente para decidirme por la vida, para que en la muerte yo pueda decidir a favor de la vida. Puedo confiar que, en mi muerte, consiga la decisión a favor de la vida y la decisión a favor de Dios.

El teólogo y filósofo checo Tomáš Halík reúne la decisión humana con la experiencia de Dios. Interpreta en este sentido la revelación de Dios en la zarza ardiente. Hace que Dios le diga a Moisés: "Si aceptas la misión a la que te envío (debes ir y liberar a mi pueblo), entonces yo estaré contigo" (Halík, 5).

Tomáš Halík entiende a Dios como posibilidad, en el sentido dado por el filósofo Nicolás de Cusa, que está en los umbrales de la modernidad. Dios se nos ofrece como posibilidad. En tanto nos decidimos por la misión a la que Dios nos envía, "nos daremos cuenta de que él estará con nosotros. Dios viene como posibilidad, cada uno debe ingresar sin duda en esta posibilidad. El ingreso en las posibilidades de Dios se llama fe" (Halík, 5).

Con su interpretación, Halík hace suyas las ideas de Romano Guardini sobre la revelación de Dios, lo que le valió el galardón de la Academia Católica de Baviera. Guardini estaba convencido de que la fe del futuro sería "más escasa, pero por eso más pura, más fuerte, natural, 'su centro de gravedad se acercará más profundamente a lo personal, a la decisión'" (Halík, 2).

Según esto, la fe significa decidirse a favor de las posibilidades de Dios. Y, en tanto me decido por lo que Dios espera de mí, experimento a Dios como el presente, como el que va siempre conmigo y me abre siempre nuevas posibilidades de mi existencia, pero al mismo tiempo nuevas posibilidades para nuestro mundo común.

Para Halík, no se trata solamente de la cuestión de si, en situaciones determinadas, tomo la decisión correcta. Más bien, se trata de que yo me decida a seguir el llamado de Dios. En tanto me decido, experimento a Dios. Con frecuencia, vemos esto en forma inversa: pedimos a Dios que nos decidamos correctamente. Halík piensa: en tanto yo me decida por el impulso interior que percibo en mi alma, experimentaré la presencia de Dios y la proximidad que ayuda. La decisión misma crea un espacio para la experiencia de Dios.

Aun cuando alguna de estas consideraciones teológicas resulte algo extraña, expresan para mí una idea importante: somos responsables por nosotros mismos. En cierta forma, creamos nuestra propia existencia a través de nuestras decisiones. Nos afirmamos en tanto nos decidimos. Y, en cada decisión, juega también, en definitiva, la decisión a favor o en contra de Dios, aunque Dios no sea pensado conscientemente en cada decisión.

Hay decisiones fundamentales que tenemos que tomar sobre nuestro ser. A partir de esta decisión fundamental, a favor o en contra de Dios, a favor o en contra de nuestra verdadera esencia, fluyen luego las decisiones individuales en nuestra historia de vida. La reflexión sobre la decisión no es entonces un tema complementario, sino un tema central para la teología, la que se ocupa del éxito o el fracaso de nuestra vida humana. Reflexionar en forma correcta sobre el tema "decisión" significa, para la teología, meditar en forma adecuada sobre el hombre y alcanzar una imagen correcta de Dios.

3
Obstáculos en la decisión

En el diálogo con hombres a los que se les hace difícil tomar decisiones, siempre me pregunto qué es lo que les obstaculiza hacerlo. Con frecuencia, dicen que no sabían lo que era correcto. O bien tienen la impresión de que no pudieron decidir un camino ante el gran surtido de posibilidades, pues podría ser que más tarde se pusiera de relieve otro camino que fuese todavía mejor. En estos hombres, percibo actitudes que les impiden decidir. Las imágenes que ellos tienen de sí mismos les dificultan tomar decisiones. Por eso, es importante examinar las imágenes y las representaciones que están más allá de la capacidad de decidir.

Este tipo de aproximación es quizás el perfeccionismo: los hombres creen que deberían tomar siempre la decisión absolutamente correcta. Pero no hay una decisión absolutamente correcta. Cada decisión es relativa. No podemos predecir lo que nos sale al encuentro, respecto del camino por el cual nos decidimos. Por eso, debemos contentarnos con la relatividad de nuestra vida y de nuestras decisiones. Esta modestia es difícil para el perfeccionista.

El perfeccionista quisiera tener todo bajo control, pero tomar una decisión significa lo contrario; significa desprenderse de la seguridad, dejar que se vaya lo que yo quisiera sostener firmemente.

Los perfeccionistas tienen también, con frecuencia, grandes problemas en las decisiones pequeñas. Una mujer quería comprar un automóvil, pero no podía decidir de qué color lo quería. Para todos los colores que la firma le ofrecía, ella tenía objeciones. Ningún color satisfacía sus exigencias. Así, durante toda una semana, ella se planteó la cuestión de cuál era el color adecuado que debía elegir, y consumió así demasiada energía. Por un lado, era el propio gusto aquello sobre lo cual ella misma no estaba totalmente convencida; y, por otro lado, estaba el temor sobre cómo otros podían reaccionar ante este color en su automóvil. Se había hecho dependiente del juicio de los demás. En definitiva, no es tan importante cuál color elijo para mi automóvil. Me puedo familiarizar con cada auto. Pero, para muchos, esta elección es una "cuestión de Estado".

Otro ejemplo: en los cursos, muchas veces dejo que se formen pequeños grupos que se dedican a un problema. Muchos participantes del curso apenas se pueden decidir a qué grupo deben ir. Otros se deciden ciertamente por un grupo, pero luego observan permanentemente a los otros grupos. En uno de los grupos, quizás se rien mucho, y entonces ellos dudan si han elegido el grupo correcto. Quizás el otro grupo hubiera sido mejor y más grato para ellos… Este cavilar si otro grupo sería mejor para ellos les impide a los participantes del curso insertarse en el grupo preciso en el que están ahora. Por eso, no pueden participar naturalmente en ninguna buena conversación, porque están inmersos en sí mismos, ya que no se encuentran con los otros hombres en su grupo. Así no se puede desarrollar un buen intercambio.

Con frecuencia, el perfeccionismo está vinculado con la compulsión de querer controlar todo. Pero, cuando tomo una decisión, me desprendo del control, confío en la decisión y, en definitiva, en Dios. Por eso, es por lo general una falta de confianza lo que nos hace tan difícil la decisión.

Jamás tenemos la garantía de que, en una decisión, podamos considerar todas las eventualidades. Incluso si tenemos en cuenta todas las informaciones que hemos explorado, nunca tenemos la certeza de que nuestra decisión proporcionará prosperidad a la larga. O, si trae prosperidad, no depende únicamente de nuestro pensamiento y reflexión sino, en definitiva, de Dios. Por eso, es necesaria la confianza en Dios, quien bendice mi decisión, y en el cual se origina la prosperidad para mí y para los hombres.

Finalmente, en mis decisiones, confío en que Dios hace lo mejor. Cada camino por el que me he decidido me dispensará también obstáculos y me hará atravesar pasajes estrechos. Muchos hombres comienzan entonces a dudar en sus decisiones. Pero la pregunta es: ¿cuál es, en general, una falsa decisión? Debemos confiar en que, a través de las decisiones, encontramos el camino que está bendecido por Dios. Y la bendición de Dios está presente también cuando nuestro camino es dificultoso y penoso. Quizás podamos entonces simplemente desarrollarlo.

Los cuentos nos relatan generalmente que alguien se decide por un camino que nosotros consideramos malo. Pero obviamente aquél debe decidirse; luego, las dificultades que debe atravesar lo hacen madurar. En el cuento "El agua de la vida", el hijo más joven va en busca del agua de la vida, para poder curar a su padre enfermo. Pero él quería también encontrar a sus dos hermanos. Un enano le advierte, antes de buscarlos, que ellos tenían un corazón malo. Pero el hermano más joven los busca a pesar de ello. Cuando finalmente encuentra a los dos hermanos, éstos le roban por envidia el agua de la vida, en busca de éxito, y vierten agua de mar amarga en la taza. El padre hubiese muerto rápidamente con esa agua. Por eso, éste le da a un cazador la orden de matar a su hijo más joven. Pero el hijo se oculta y se va al bosque. Al final, luego de todos sus sufrimientos, él encuentra a una hija del rey y se casa con ella, mientras que los dos hijos malos se alejan. Si bien aparentemente el hijo más joven había tomado una mala decisión, finalmente ésta se convirtió para él en bendición.

En el acompañamiento espiritual, experimento generalmente situaciones similares. En un caso, un hombre se decide por un camino que, como acompañante, me parece falso. Pero él debe recorrer este camino, para madurar en él y encontrar su verdadero yo. Esas decisiones no nos conducen por un camino fácil. Algunas nos hacen ir a través de grandes peligros; otras, por desvíos y giros equivocados. Y, sin embargo, esta o esa decisión fue, en definitiva, correcta. Dios nos ha llevado a la meta por este camino: a la propia verdad y, finalmente, a la felicidad. Así lo muestran justamente, también, los cuentos.

Otro obstáculo para la toma de decisiones es la idea de que yo quiero mantener abiertas todas las puertas. Si me decido por un camino, entonces me decido al mismo tiempo contra otro. Abro una puerta, pero cierro también otras. Y muchos no pueden vivir con las puertas cerradas.

Pero, si todas las puertas permanecen abiertas, ellas están siempre en proyecto. Esto no le hace bien al alma. Y jamás llevan a ningún lado. En algún momento, las puertas abiertas se cierran de golpe, y ellos se encuentran frente a puertas claramente cerradas.

Una egresada de la escuela secundaria me contaba que no sabía qué era lo que debía estudiar. En todas las materias, había obtenido muy buenas notas. Al salir del secundario, ella podía entonces estudiar tanto medicina como también música, tanto matemáticas como también deportes. En todo caso, le gustaba hacer todo. Pero yo no puedo estudiar todo, debo decidir un camino para mí. Si me decido por medicina, entonces puedo considerar música y deportes sólo como *hobbies*, pero no con la misma fuerza que cuando me decido por una de estas disciplinas. Y, si estudié matemáticas, mi vida es considerada en forma totalmente diferente de la vida de una médica.

Precisamente, a los hombres que mantienen abiertas muchas puertas se les hace muchas veces difícil limitarse y decidirse por una. Pero debo decidirme por una puerta, para pasar por allí y retomar mi camino. Algunos tienen temor de que la puerta pueda ser falsa. El temor debería ser la invitación a confiar en Dios; que, en mis análisis, él me indique cuál es la puerta que me corresponde y que debo atravesar. Dios me habla en mis sentimientos. Allí donde siento más paz, debo encaminar la decisión. Y puedo confiar en que no importa cuál es la puerta que atravieso, debo cruzarla para avanzar, porque de lo contrario no me muevo del lugar. Y el buen resultado de mi vida no depende únicamente de si soy música o médica, matemática o profesora de deportes. Los caminos exteriores pueden respaldar el buen resultado, pero en última instancia sucede que yo decido por mi vida. La concreción de la vida es, en este caso, algo secundario.

En el caso de la egresada, el problema no era solamente el temor por la posibilidad de que ella tomara una mala decisión. A ello estaba ligado también el temor frente a la propia culpa. Ella creía que sería culpable si no triunfaba en la vida. Si ella tomaba una mala decisión, jamás podría perdonárselo.

Aquí también es beneficioso reflexionar sobre los sentimientos de culpa. Pensamos tendenciosamente que queremos corretear a lo largo de la vida con un "chaleco blanco". Queremos permanecer absolutamente inocentes. Pero esta imagen no se corresponde con nuestra realidad. Lo querramos o no, en nuestra vida siempre seremos responsables.

En la imagen de la parábola mencionada, la del administrador prudente, esto significa: lo querramos o no, siempre malgastaremos algo de la capacidad que Dios nos ha confiado (cf. Lc 16, 1-8). Pero, en cada situación de mi vida, debo decidir en forma tan prudente como lo hace el administrador en la parábola. Sólo cuando me reconcilio con el hecho de que puedo ser culpable, o que pueden aparecer en mí sentimientos de culpa, es que puedo decidir. Me sostengo con una decisión que siempre se puede cuestionar, me entrego a Dios y confío en que Él pueda bendecir esta decisión.

Jesús habló de la puerta estrecha por la que debemos pasar. San Benito tomó esta imagen en su Regla. Él piensa que el que decide vivir en el claustro monástico recorre un camino estrecho. Pero luego el camino se ensancha y lleva a un corazón amplio: "no huyas enseguida, aterrado del camino de la salvación, porque éste no se puede emprender sino por un comienzo estrecho. Pero, cuando progresamos en la vida monástica y en la fe, se dilata nuestro corazón, y corremos con inefable dulzura de caridad por el camino de los mandamientos de Dios" (*Regla de san Benito*, Prólogo). En latín, san Benito habla aquí de la dulzura del amor, del sabor agradable del amor. En quien va en la vida por el camino estrecho, su corazón se ensancha y se llena del sabor dulce del amor. El que no tiene el valor de atravesar la puerta estrecha jamás alcanzará esta amplitud.

El místico alemán Johannes Tauler utilizó para esto otra imagen. Él dice que cada hombre viene a la vida en un pasaje estrecho, y debe atravesar este pasaje estrecho para seguir avanzando interiormente. Pero hoy muchos hombres lo hacen de tal modo que, cuando las "vías de su tren" llevan a un pasaje estrecho, ellos siempre saltan a otra vía. Ensayan distintos métodos que les ofrece el "supermercado" espiritual o psicológico. Pero, cuando con este método llegan a un pasaje estrecho, saltan a la vía más cercana. Por eso, jamás consiguen atravesar el pasaje estrecho que luego ensancha gradualmente el camino original.

He observado este fenómeno en muchos hombres que cambian de un método espiritual o psicológico a otro. No perseveran en ningún camino, y así finalmente se quedan siempre en el mismo lugar, a pesar de todos los esfuerzos que hacen.

La decisión me lleva siempre por un sendero estrecho. El que quiere evitarlo no avanza. Jamás experimenta una amplitud, una libertad y una fecundidad interiores. Siempre da vueltas sobre sí mismo. Necesita el valor de lanzarse a través del pasaje estrecho. Sólo entonces triunfa en la vida.

Muchos que, después de largas consideraciones, al final se decidieron por un camino añoran las otras posibilidades que han descartado a causa de su decisión. Reflexionan cada vez más si no hubiese sido mejor decidir otra cosa. Se paralizan y se arrebatan todas esas energías que necesitan para avanzar con energía por el camino que han decidido recorrer. El que se decide por un camino decide siempre también en contra de otros. Y uno puede lamentarse por estos otros caminos que ha desechado. Lamentarse es algo distinto que añorar. En la añoranza, agrego permanentemente las posibilidades que he perdido y no avanzo. En el lamento, atravieso el dolor que experimento cuando pienso en las posibilidades perdidas. En tanto atravieso el dolor, entro en contacto con el fundamento de mi alma y descubro allí el potencial de capacidades que Dios me ha dado. El que añora no está en contacto con el fundamento de su alma, permanece dependiendo de lo superficial. En el lamento, atravieso el dolor, pero de este modo dejo al dolor detrás de mí. El camino a través del dolor me conduce hacia mí mismo y hacia mi verdadera esencia. El que rechaza este camino jamás encuentra su verdadero yo. Jamás está en su centro, sino que permanece siempre en la superficie. De allí que se queja, añora las posibilidades desechadas y, de esta forma, se ahoga en la autocompasión. Pero en ésta jamás llega a una meta, o bien culpa a otros que serían los responsables de que él haya tomado una mala decisión. Por ejemplo, acusa a sus padres de haberle aconsejado esa decisión. O acusa a un amigo que no lo ha desalentado de ir por ese camino, aunque debería haberlo sabido. Pero, con estas estrategias de la añoranza, jamás se avanza.

La publicidad actual sabe de la tendencia de muchos hombres, luego de una decisión, de poner en cuestión todo y hacerse reproches. En este sentido, empresas automovilísticas anuncian no sólo automóviles caros. Cuando un cliente compra un automóvil caro, esas empresas escriben dos semanas más tarde una carta al cliente, al que felicitan de nuevo por la compra y enumeran de nuevo los motivos para ella. Quieren sembrar la duda que, luego de la decisión de comprar este automóvil, pudiese haber surgido en él. No deberíamos esperar cartas de las empresas, sino que nos felicitemos porque hemos tomado esta o aquella decisión. Esto es mejor que dejarse carcomer la decisión en una mirada retrospectiva, a través de la duda o de la cavilación permanentes.

Un gran obstáculo para tomar decisiones es el temor. Este temor tiene muchas facetas. Para unos, es el temor frente al discurso de los demás. Creen que, si dejaran de tomar decisiones, entonces no serían criticados. Pero justamente así atraen la crítica sobre sí mismos. Aceptar la duda es mejor que tomar o no una decisión menos óptima. Pero, al final, también la decisión no tomada es también una decisión: "También esto tiene consecuencias. Uno no se puede defender a través de no-decisiones frente a las consecuencias" (Meier, 143).

El temor de ser criticado en sus decisiones lleva a un pensamiento de seguridad. El árbitro suizo Urs Meier cuenta que, para su publicidad, muchas empresas convocan con frecuencia a cinco o más agencias publicitarias. Ellas necesitan mucho tiempo para sortear todas las objeciones. Con suficiente frecuencia, entonces, mezclan en su totalidad las distintas ideas, y aparece entonces una solución que es peor que cada estrategia individual que se propuso antes. Para Meier, esto es "un ejemplo de un pensamiento de seguridad ampliamente generalizado, que se basa en la aceptación errónea de que, a través de más opciones, disminuye el peligro de pasar por alto algo o de perder el verdadero objetivo" (Meier, 148).

Varias veces, el temor frente a las decisiones se expresa entonces en decisiones del tipo "Hauruck". "La indecisión anterior debe ser compensada por medio de una forma de ataques de decisión. Entonces, aparentemente el afectado toma la cuestión en sus manos, pero en verdad este hacemos-esto-ahora-así-y-no-otra-cosa es solamente expresión de la desesperación y de la desesperanza" (Meier, 149).

El temor frente a la decisión es, frecuentemente, también el temor de ponerse fuera de la comunidad a través de una decisión. Es el temor frente al estar-solo. Cuando tomo una decisión, me expongo y me hago vulnerable. En retrospectiva, los otros generalmente saben mejor que esta decisión ha sido errónea. Entonces, no decido nada y hago precisamente erróneo todo. El que quiere decidir necesita confianza en sí mismo. Debe confiar en que su mérito no depende del juicio de los demás. El que decide, incluso cuando muchos lo critican, puede justamente crecer en su amor propio. Él se defiende en la decisión, aun cuando muchos se le opongan.

A muchos se les hace difícil decidir, porque tienen temor de que con ello se determinan para siempre. Por eso, les resulta cada vez más difícil a los hombres tomar una decisión de vida; por ejemplo, la decisión a favor de una unión permanente con otra persona, la decisión de una profesión o la decisión para el camino monástico. Tienen temor frente a una determinación permanente y ante una unión con otra persona. Podría ser que el compañero o la compañera evolucionen de otro modo, con lo cual sería difícil seguir juntos.

Pero, justamente, es difícil hacer que los hombres se afirmen en una perspectiva profesional. Cuando se me pide una tarea —por ejemplo, tomar a mi cargo una empresa o la granja paterna—, entonces debo tomar una decisión. Sólo podemos tomar esa decisión si reflexionamos correctamente sobre el hombre. Pertenece a la esencia del ser humano que se una con absoluta libertad a algo o a alguien, con lo cual su vida adquiere una forma clara. Esta forma lo ayuda a crecer y florecer, tanto interna como externamente. Un árbol debe crecer en un lugar, no puede ser trasplantado cada semana. Justamente, el hombre debe decidirse por algo, para que pueda crecer con y en esta decisión. El que, por claro temor a unirse no decide permanece sin sostén, no puede echar raíces; por eso no puede crecer nada en él.

Si al hombre de hoy le resulta fundamentalmente difícil afirmarse para el futuro y unirse a una persona —por ejemplo, en el matrimonio—, entonces se agrega otra dificultad. Existe, por un lado, el temor a la cercanía del otro. Cuando me uno a otro, entonces me abro a él, me entrego a él. Ante ello, muchos tienen temor. Se alejan tan pronto como se acercan a otros, ya que tienen temor de que otro pueda descubrir sus debilidades.

La unión con otro ser humano sólo es posible cuando estoy dispuesto a asumir y, al mismo tiempo, exponer al otro en mi verdad. Y sólo me puedo unir a otro cuando tengo la confianza de que, en este camino común, nos apoyamos y desafiamos mutuamente, de tal modo que creceremos juntos. Debe ser claro que esto no se da sin conflictos ni discusiones. Pero estos conflictos son necesarios, para romper la máscara que nos hemos construido. Sólo así es posible un encuentro personal. Sólo así descubrimos nuestra propia verdad y la verdad del otro. Pero esto se consigue sólo si nos despedimos del propio ideal de ser-perfecto, y si separamos nuestras expectativas en el otro de nuestras idealizaciones de él.

El temor que nos impide decidirnos guarda relación siempre con determinadas imágenes y representaciones que tenemos de nosotros y de nuestra vida. Porque nos afirmamos en nuestras imágenes anteriores, no tenemos confianza para decidirnos, pues las decisiones cuestionan la propia imagen de sí y la imagen de mi vida. Y este cuestionamiento de la propia imagen produce temor y me paraliza. Decidir sólo puede hacerlo el que está preparado para dejar caer una y otra vez sus imágenes de sí y de la vida, y admitir lo nuevo que viene en su vida a través de una decisión.

Un gran obstáculo para poder tomar decisiones es la experiencia de la ausencia paterna. El padre tiene la misión de fortalecernos las espaldas, para que nos arriesguemos, para que tomemos decisiones que nos hagan avanzar. A aquel que ha experimentado al padre como ausente o como endeble se le hace difícil tomar decisiones, pues le falta la columna vertebral. La energía paterna nos saca el miedo de cometer errores.

El que sólo está temeroso de cometer errores con las decisiones es siempre incapaz de decidir. No podemos simplemente omitir la experiencia de la ausencia paterna. Pero, a pesar de ello, y a pesar de la carencia de la columna vertebral, puedo tomar decisiones. En esto, debo permitirme también cometer errores. Y me puedo imaginar que Dios, mi Padre celestial, me fortalece las espaldas; así puedo atreverme a poner mi vida en mis manos, y precisamente con mis decisiones.

El psicólogo suizo Carl Gustav Jung habla de esta valentía de poner en nuestras manos la vida misma y, de este modo, hacernos vulnerables: "Nadie hace historia, y no se atreve a 'llevar su sombrero al mercado', hasta que dirija el experimento —que precisamente es su vida misma— hacia el fin" (JUNG, 169). El que se decide "lleva su sombrero al mercado", pues con la decisión se muestra a los hombres. Él se atreve a salir de su caparazón y se muestra por sí mismo a los hombres.

4
Ayuda para tomar decisiones

En las páginas siguientes, quisiera describir algunas ayudas sobre la forma en que podemos tomar decisiones más claras. En esto se debe tener en cuenta que hay hombres que no temen tomar decisiones, y hay otros a los que se les hace más difícil afrontarlas. Esto depende de su temperamento y de la presión que ejercen sobre sí mismos.

Al perfeccionista se le hace más difícil tomar decisiones que al hombre que toma todo con más serenidad. El que sufre por causa de una herida paterna también está dañado en su capacidad para tomar decisiones. Y hay hombres sencillos que necesitan más tiempo para poder decidir; quieren considerar todo cuidadosamente. El que se deja guiar exclusivamente por el entendimiento con frecuencia debe reflexionar bastante antes de decidirse, pues son puramente racionales los argumentos a favor de una u otra decisión, a menudo similares entre sí. Por eso, siempre se plantea nuevas consideraciones. Pero el que escucha a sus entrañas decide frecuentemente en forma espontánea.

No podemos modificar nuestro temperamento. Pero, con lo que hemos conseguido en carácter y cualidades, podemos manejarnos bien. Y, así, cada uno puede —no importa cuáles sean los supuestos que trae consigo— aprender a decidir mejor, a decidir más clara y rápidamente.

Aproximaciones

El primer paso para llegar a tomar buenas decisiones es, entonces, examinar la propia actitud. ¿De dónde viene que deba tomar una decisión absolutamente correcta? En principio, debería despedirme de este ideal: no hay una decisión absolutamente correcta. Debo decidirme por lo que es prudente. La prudencia es una ayuda importante para poder decidir bien. La prudencia supone que veo las cosas como son, y por eso puedo también decidir correctamente. Josef Pieper, al que ya he remitido antes varias veces, dice que "prudencia es el arte de decidir correctamente y en forma apropiada" (citado en Wickert, 260). Pero la prudencia necesita siempre también algo de previsión. La prudencia es la capacidad de hacer lo que es mejor para el hombre ahora, en este momento.

El segundo paso es llegar a decidir por sí mismo, y no hacerse dependiente de la reacción de los demás. Muchos no tienen confianza para decidir porque reflexionan permanentemente sobre lo que los demás pensarían sobre esa decisión. Por eso, ellos no están en sí mismos, ni en su propio centro; solamente están, en pensamiento, con los demás. Hacen depender su decisión de la reacción de los otros.

Naturalmente, la reacción de los demás no es totalmente insignificante. Cuando, por ejemplo, tome una decisión difícil —dejar a mi esposa, abandonar el claustro—, yo debería meditar respecto de las reacciones de los otros. Porque también debo soportar la reacción de los demás. Si dejo a mi esposa, porque precisamente estoy enamorado de otra, entonces lo mejor es que no tenga en consideración ni a mi esposa ni a mi entorno, sino que simplemente siga al ser amado. Pero esto también puede enceguecer. Si medito sobre la reacción de mi entorno, con frecuencia despierto y advierto qué consecuencias tendrá mi decisión.

Pero debo distinguir entre la reacción de los buenos amigos, los que realmente están conmigo, y la reacción del resto, que proyectará sobre mi decisión sus propias necesidades reprimidas. Decidir significa que, por mí mismo, frente a Dios y frente a los hombres, soy responsable por las personas con las que me he unido. Debo tomar cada decisión, también, con responsabilidad hacia mi entorno. Pero no me puedo volver dependiente de cada reacción de los demás. Debo estar en coincidencia con mi fuero más íntimo.

Mi hermana, que es una activa feminista, me contó que las mujeres se perjudican frecuentemente en sus decisiones, porque tienen miedo de que los demás puedan decir: "Era un error decidir de ese modo". Tienen miedo de ser vulnerables a causa de su decisión. Generalmente, es la mirada crítica del padre quien acompaña a las mujeres en este miedo: el padre les habría exigido hacer siempre todo correctamente. Por eso, ellas están fijadas en este "obrar correctamente", ya que se asustan frente a la decisión: "¿Qué pasa si no hago algo bien?".

Pero no se trata de hacer todo bien. Si yo hiciera esto, entonces, como mujer, me orientaría demasiado según mi padre y aceptaría su modo masculino de ver. Una mejor imagen que la de hacer algo bien sería simplemente recorrer el camino, confiar en el crecimiento que se lleva a cabo en mí. La decisión quiere provocar un crecimiento. Muchas mujeres consumen demasiada energía en sopesar todo con precisión, pero entonces no están consigo mismas, se dejan determinar demasiado por el padre. Cuando finalmente deciden, entonces lo experimentan, en general, como energía, como un crecimiento acelerado; por una vez, fluye nuevamente algo, el camino se amplía, ellas van por la vida. Sienten entonces su energía femenina, que exige el desarrollo. Cuando se dejan determinar por el padre, se perjudican en su decisión. Cuando confían en su costado femenino, entonces la energía proviene de su interior, lo cual ayuda a promover el desarrollo.

La tercera actitud que es necesaria para la toma de decisiones es la predisposición a poder equivocarse. El que quiere ganar además debe poder perder. El que tiene temor de llegar a ser el perdedor está interiormente paralizado;

jamás decidirá nada. No sólo tiene temor frente a la reacción de los demás, sino también frente a sí mismo y a su juez interior. Esos hombres no se pueden perdonar si tienen que llegar a ser los perdedores.

Pero todo atleta sabe que él sólo puede comenzar un juego o una competencia cuando está preparado también para perder. Es cierto que va a jugar con la voluntad de ganar. Pero también debe contar con que el otro equipo, o el adversario, pueda ganar.

Justamente, en la derrota se revela la grandeza. Ser un leal perdedor revela la dignidad de un hombre. El que sólo nada en las olas del resultado permanece en la superficie. Cuando en alguna oportunidad pierde, está totalmente por el piso y, con frecuencia, renuncia. Él mismo no se puede perdonar haber perdido. Sin la predisposición a perder alguna vez, jamás puedo decidir nada.

La cuarta actitud es la confianza. He reflexionado sobre todos los argumentos. Ahora, escucho en mi interior; escucho los impulsos que llegan desde mi corazón. Pongo las diferentes posibilidades de decisión frente al tribunal de mi corazón. Decido hacia dónde mi corazón me empuja espontáneamente. No me quedo entonces en la mente, sino que, lleno de confianza, escucho a mi corazón, y luego decido sin reflexionar mucho más. Si oigo que me reprochan que no he decidido bien, renuncio a cuestionar de nuevo la decisión. Muchos consumen demasiada energía en cuestionar las decisiones tomadas. Pero es importante que primero yo siga esta decisión. No sé todo lo que encontraré en el camino que esa decisión me ha abierto. Por eso, navegaré más y ajustaré el rumbo de mi decisión según lo que se me ponga en el camino, pero fundamentalmente sin lamentarme por ella.

La confianza tiene que ver también con el llamado presentimiento. Cuando decidimos visceralmente, tomamos a menudo las mejores decisiones. Hay empresarios que me han contado que, siempre que en una entrevista han decidido visceralmente, la decisión demostró ser correcta, vista en retrospectiva. En cambio, cuando juzgaron al candidato según puntos de vista racionales —quizás sólo según sus antecedentes o sus calificaciones—, con frecuencia se equivocaron. Seguramente tenía capacidades, pero no encajaba en la empresa, no encajaba con los otros colaboradores. Cuando los empresarios confían en su intuición, entonces se pone de relieve que el nuevo colaborador encaja en la empresa y se desenvuelve bien.

Creemos que el presentimiento es irracional, pero esto no parece ser así. Investigaciones sobre el cerebro han descubierto que importantes informaciones de las vísceras son transmitidas al cerebro. "La mayoría de las fibras nerviosas llega del estómago al cerebro, no a la inversa. Esto significa que el estómago abastece permanentemente al cerebro con informaciones y señales" (MEIER, 26). El estómago tiene su propia inteligencia; ante todo, tiene inteligencia emocional. Y el estómago tiene buen sentido para las relaciones. Nosotros lo sabemos bien. Cuando nos enamoramos, "nos cosquillea el estómago". A la inversa, también se perciben relaciones incómodas en el estómago y en las áreas digestivas en general. Ya no podemos comer correctamente; ni siquiera tenemos apetito. O, por el contrario, tapamos el sentimiento en el estómago con demasiada comida, para reprimirlo.

Nuestro presentimiento nos dice si la relación con el otro armoniza, si podemos contar con él a largo plazo, si encaja en nuestra cultura corporativa o en mi círculo de amigos. El presentimiento me dice también, frecuentemente, que algo no está en orden. Estar "todo en orden" parece puramente racional, pero el estómago nos dice que en lo profundo también hay algo en juego.

El árbitro suizo Urs Meier relata una situación en un partido entre Inglaterra y Portugal, en el campeonato europeo de 2004. Con el tanteador 1 a 1, en el minuto 89, Sol Campbell hizo un gol de cabeza para Inglaterra. Pero su presentimiento le dijo al árbitro que algo no encajaba, si bien desde su posición no había visto nada. No convalidó el gol. En retrospectiva, vio la grabación en video y confirmó que su decisión había sido correcta (cf. MEIER, 15 y ss.). En una situación como ésa, en la que estaba en juego el ingreso a la semifinal o la eliminación, no es sencillo confiar en el presentimiento y, en un tiempo tan breve, tomar una decisión. Pero el presentimiento es con frecuencia más veloz que el entendimiento, el cual debe tener en cuenta todas las razones.

Decisión y oración

Una gran ayuda para tomar decisiones es la oración. Cuando rezo en una situación decisiva, Dios no me despojará simplemente de la decisión, diciéndome con claridad cómo debo obrar. Normalmente, no oiré ninguna respuesta directa de Dios.

Pero en la oración me coloco a una saludable distancia de mis decisiones. Me sitúo, con las diferentes posibilidades, delante de Dios. Intento explicarle a Dios de qué se trata y por qué me podría decidir por una alternativa o por otra. Luego, le pregunto a Dios qué podría decirme. En el silencio, escucho qué impulsos se forman en mi interior. Cuando en la meditación de una alternativa encuentro una paz profunda ante Dios, esto siempre es un signo de que es la voluntad de Dios para que decida así. Pero también puede ser que yo no encuentre paz, sino simplemente un impulso: "¡Hazlo de este modo!".

Con frecuencia, yo llegaba temprano a los cursos; por eso cavilaba mucho si debía decidirme por este o ese ejercicio, por este o ese método. Luego, oía muchas veces en mí la frase que Jesús le dijo al paralítico: "Levántate, toma tu camilla y camina" (Jn 5, 8). Éste fue para mí, entonces, el impulso para decidir la solución, que me vino precisamente a la cabeza. La oración despertó en mí la confianza para recorrer ese camino, en lugar de dilapidar energías en reflexionar más ampliamente cuál era el mejor método para ese momento.

Pero también puede ser que yo no perciba ningún impulso en la oración, para decidir de un modo o de otro. Entonces, me pongo serio y pienso: "Todavía no es el tiempo para decidir". Ofreceré una y otra vez la decisión a Dios, y esperaré hasta que se forme en mí el sentimiento: "Ahora puedo decidir". Esta espera, naturalmente, es apropiada sólo para las decisiones de vida. Las decisiones cotidianas que debo tomar no puedo posponerlas. En ellas, es suficiente escucharse, oír la voz de Dios y luego decidir. Pero esta breve interiorización es, en todo caso, una ayuda para no dejarse impulsar por otro a una decisión, sino decidir conforme con el propio corazón. En las decisiones de vida, no me debo poner bajo presión para tener que decidir luego de la oración. Pero, a pesar de ello, puede ser una ayuda ponerse un plazo, dentro del cual se debería decidir.

Conozco hombres que, a lo largo de diez años, llevan en sí la idea de ingresar al claustro monástico, pero jamás pueden decidirse. Dicen constantemente que ellos podrían decidirse. Pero, cuando luego de diez años uno los encuentra, no ha cambiado nada. Hablar sobre las decisiones pendientes es una excusa para no tener que decidir realmente. Por eso, es beneficioso decir a tales hombres: "No quiero oír nada más de tu decisión a favor o en contra del claustro. En realidad, ya has decidido. Si ahora no estás en el claustro, ya has tomado una decisión. Mantente en ella, en lugar de dilapidar tus energías girando permanentemente en torno a una posible decisión. ¿Qué es lo que pretendes concretamente con tu discurso sobre las decisiones?". Estos hombres quizás no puedan escuchar una pregunta tan clara. Pero abrirán los ojos y quizás estén preparados para representarse su realidad, para decidir a favor de la vida que ellos viven ahora. La decisión es, entonces, una ayuda para vivir, consciente y con todo el corazón, lo que vivo justamente ahora.

En las conversaciones, escucho muchas veces pedir ayuda a Dios para las decisiones, en una especie y una forma que no sirven. Por ejemplo, una mujer le pide ayuda a Dios. Él debe bendecir el encuentro con este hombre, de quien se ha enamorado y al que encuentra tan simpático. Pero luego ella experimenta en ese encuentro una profunda herida; entonces lo culpa a Dios, porque ella le había rezado antes y Él no ha impedido la herida. Pero mi impresión es que esta mujer utilizó a Dios para confirmar su decisión. Ella no encontró a Dios en la oración. Ella no le presentó abiertamente a Dios la pregunta si debía elegir o no al hombre. Ella quería tomar incondicionalmente al hombre y utilizó a Dios en la oración como una confirmación.

Pero, si yo no ofrezco abiertamente a Dios los pros y los contras, entonces tampoco puedo hacerlo responsable por mi decisión. La verdadera oración es siempre un encuentro abierto con Dios, sin haber tomado antes la decisión. Y, en el encuentro con Dios, escucho también mis propios impulsos interiores. Dios me habla en los impulsos de mi corazón. Por supuesto, se necesita aquí el don del discernimiento: si me habla Dios o me hablan mi superyó, mi propia ambición, mi necesidad infantil. Reconozco la voz de Dios en la consecuencia de un impulso. Un impulso que produce en mí paz, libertad, vida y amor corresponde a la voz de Dios. Un impulso que me provoca temor, que me abruma, corresponde más a mi propio perfeccionismo, a mi superyó, que siempre quiere obtener de mí la solución perfecta.

Hay también decisiones en las que somos urgidos interiormente. Una mujer pensaba que había situaciones en las que sólo podía elegir entre la peste y el cólera. Muchas veces hay alternativas falsas frente a las que somos puestos. Jesús conoce esas experiencias y nos muestra un camino en el que, en tales situaciones, podemos decidir desde nuestro centro interior.

La Biblia nos relata dos situaciones en las que se le exige a Jesús una decisión. En la primera escena, algunos fariseos y seguidores de Herodes van hacia Jesús y le preguntan: "¿Está permitido pagar el impuesto al César o no? ¿Debemos pagarlo o no?" (Mc 12, 14). Jesús debe decidir aquí una cuestión que era sumamente controvertida en ese entonces. No importa cómo decide Jesús, él maniobra en una situación carente de salida. Si se rehúsa a pagar el impuesto, entonces los seguidores de Herodes pueden hacerlo arrestar; si defiende el pago del impuesto, entonces desilusiona a todos sus seguidores. Jesús analiza detalladamente el caso en el que los fariseos quieren tentarlo; y se niega a decidir simplemente por su interrogante. Él mismo toma la iniciativa y les ordena a los que lo interrogan que le traigan un denario. Luego les pregunta: "¿De quién es esta figura y esta inscripción?". Cuando ellos responden "del César", él pronuncia la frase genial: "Den al César lo que es del César, y a Dios, lo que es de Dios" (Mc 12, 16-17). Contra esto, ellos no pudieron decir nada. Jesús se sustrae a la falsa alternativa frente a la que lo ponen los interrogadores. Reacciona en forma soberana.

No nos debemos dejar llevar, presionados por otros, a una decisión que nos conduzca a una situación sin esperanza. Así nos dice esta historia. Los caminos que nos imponen otros son, en su mayoría, no beneficiosos. Al igual que Jesús en esa escena, debo tomar la iniciativa y decidir por mí mismo. El idioma alemán expresa esto con una expresión que significa "yo decido". Decidir es siempre un obrar activo, y algo que se juega en mi fuero íntimo. Yo decido sobre mí, y no puedo dejar que me impongan esa decisión.

Similar es una escena que nos describe el evangelista san Juan. Los fariseos llevan a Jesús una mujer que había sido sorprendida en adulterio. Ponen a la vista de Jesús el mandamiento de Moisés, según el cual esta mujer debía ser apedreada. Y le preguntan entonces qué es lo que deben hacer. Jesús no da ninguna respuesta, sino que más bien se agacha y escribe en la arena. Se podría decir que gana tiempo y entra en contacto con las soluciones creativas que se desarrollan en su interior. También se podría decir que Jesús propone una "tormenta de ideas": escribe simplemente en la arena lo que se le ocurre. Y de esta escritura surge en su interior la frase genial que lanza a los interrogadores: "El que no tenga pecado, que arroje la primera piedra" (Jn 8, 7). Jesús se agacha de nuevo sobre el suelo y sigue escribiendo. Después, cuando mira, todos se han ido. Tan honestos fueron, que no se propusieron como personas sin pecado…

Jesús no se dejó intimidar para tomar una decisión que, en todo caso, le habría causado fastidio, no importa cómo hubiera decidido. Él se sumergió y entró en contacto con su fuero íntimo. Varias veces, nosotros también nos sumergimos cuando decimos: "Sólo por una vez, debo soñar con ello". Varias veces, entonces, surgen soluciones en el sueño. Unos sueñan sobre la forma en que deben decidir. Otros tienen al despertar este sentimiento: "Ahora sé qué debo decidir". Cuando a la noche entran en contacto con su alma, ésta ha aclarado algo en ellos.

Con frecuencia, no podemos demorar la decisión. Pero entonces es bueno también liberarse de la presión de otros, escucharse a sí mismo brevemente y entrar en contacto con el propio corazón. Y, luego, yo debería hacer lo que se ofrece como solución a mi corazón. Es crucial que en la decisión no esté atado a los otros, sino que entre en contacto conmigo mismo. Debo extraer la decisión de mi fuero íntimo, y no de una presión externa. Y puedo confiar en que mi alma sabe precisamente lo que es correcto para ella. Por ello es necesaria la inmersión en el fondo del alma, para ver allí lo que ella me dice. El alma tiene siempre preparadas soluciones creativas para una decisión y no se deja imponer falsas alternativas.

Muchos se retiran también a un claustro monástico para tomar decisiones, o hacen ejercicios espirituales en forma individual. Los *Ejercicios Espirituales* de san Ignacio de Loyola tienden a que todos tomen una decisión. El ejercitante recuerda primero el fundamento de su vida, pregunta lo que quiere realmente en su vida. Antes de decidirse, debe ser interiormente libre. San Ignacio habla aquí de "indiferencia". Con ello, hace mención a un estado de libertad interior, en el que la persona está abierta para cada solución que Dios le ofrezca. Y luego se pregunta, en todo lo que le viene a la mente como alternativas, según el "más": "¿Qué trae *más* frutos y bendiciones para mí y para los hombres?".

Este "más" se refiere a valores cristianos como la paz, la justicia, la fe, la esperanza y el amor. El ejercitante se pregunta con cuáles alternativas puede contribuir más a "que el mundo sea un fragmento más justo, lleno de paz, lleno de amor, más misericordioso, más creyente, más esperanzado" (Kiechle, 34). San Ignacio también puede llamar, a este "más", el fruto más grande o el consuelo más grande. Fruto "es lo que hace posible la vida humana y la hace florecer" (Kiechle, 37).

El consuelo se refiere más al propio sentimiento que el ejercitante tiene en la decisión o que está en armonía consigo mismo, o que le hace bien, y sentirse libre y vivo. El fruto demanda la bendición para otras personas. ¿Qué trae al ser humano más bendición? "El fruto es un bien para los demás; el consuelo, para el que se decide" (Kiechle, 39). Ambos —el fruto y la bendición— deben complementarse mutuamente. Los ejercicios ignacianos tienden siempre a una decisión, a la decisión de elegir esta o esa profesión, o también a la decisión sobre cómo podría continuar mi camino el próximo año.

Muchos hombres se retiran por un par de días a un monasterio, sin hacer ejercicios espirituales, para estar en silencio. Se plantean la tarea de utilizar estos días a fin de tomar decisiones importantes para el futuro. Una mujer me contó que se había retirado por un par de días a nuestra casa benedictina en Wurzburgo. Allí tomó decisiones por las que estaba agradecida y que se habían destacado como una bendición. Esta mujer no había desarrollado ningún método propio para la toma de decisiones. Simplemente, necesitaba un espacio de silencio, para ir expectante, con la cuestión de la decisión. Y, al final de ese día en silencio, ella tuvo un sentimiento claro y coherente para poder tomar decisiones.

No todos tienen tiempo para retirarse por un par de días al monasterio. Pero también en el día a día podríamos reservarnos un espacio de silencio. Para algunos, esto es un paseo en el que se avanza prudentemente con la cuestión de la decisión correcta. No piensan todo el tiempo respecto de ello; simplemente, se ponen en marcha con ello y piden a Dios que les dé una señal en el camino, para poder decidir. En varias ocasiones, vemos entonces un árbol determinado, o en el paisaje se abre para nosotros un panorama. Y, a la vez, sabemos cómo debemos decidirnos. Esas pequeñas experiencias en medio del paseo traen claridad a nuestro pensamiento y a nuestra decisión. No se reflexiona sobre la decisión, sino que se está simplemente en silencio frente a Dios. A veces, sabemos luego de la meditación cómo nos debemos decidir.

Muchos preguntan también por lo que más corresponde a la voluntad de Dios en la decisión. Pero varios unen la voluntad de Dios a algo que rompe nuestra propia voluntad. Ellos ven la voluntad de Dios como algo que desde afuera irrumpe en nuestra vida. Para estos hombres, Dios no tiene nada que ver con los propios sentimientos y la concordancia interior. Pero luego, con frecuencia, preguntan infructuosamente por la voluntad de Dios. O bien mezclan la voluntad de Dios con el propio perfeccionismo. Creen que la voluntad de Dios es siempre lo más difícil, la dureza o el desinterés.

Pero en la voluntad debemos distinguir dos planos. Está la voluntad superficial: "Ahora quiero ir hacia allá", "Deseo comer esto", "Quiero tener esto". Y hay en nosotros una voluntad con la que entramos en contacto cuando estamos totalmente en silencio y cuando estamos en paz con nosotros mismos. Lo que queremos en el silencio, en el que sentimos una profunda armonía con nosotros mismos, corresponde también a la voluntad de Dios. En lo profundo de nuestra alma, la voluntad de Dios es idéntica a nuestra propia voluntad. El apóstol san Pablo dice en la Primera Epístola a los Tesalonicenses: "La voluntad de Dios es que sean santos" (1 Ts 4, 3). La voluntad de Dios es que seamos santos y que respondamos a nuestra esencia más profunda, a la imagen original y no adulterada de Dios en nosotros.

Si una decisión trae bendición o no, no depende solamente de mis consideraciones. La oración me ofrece la confianza de que de mi decisión proviene la bendición. Por eso, ya no necesito cavilar si la decisión era realmente correcta. Confío en que Dios permitirá que esta decisión se convierta para mí en bendición y que ella traiga también bendición para las personas con las que vivo.

Esto vale, por caso, para las decisiones que tomo en la empresa. Si la decisión para este o ese producto, o para esta o esa estrategia, es correcta o no, no se garantiza únicamente con argumentos y reflexiones. No tenemos ninguna garantía de que de nuestras decisiones surja una bendición. En la oración, entrego a Dios lo que Él hace de y con mis decisiones. Aun cuando mi decisión no fuese óptima, la bendición de Dios puede surgir de ella. Esta confianza me exime de la cavilación de que todo puede surgir de mis decisiones. Yo entrego mi decisión a Dios y confío en que su bendición la sustente y que de ella surja la bendición para muchos hombres.

Caminos concretos de ejercitación

En las grandes decisiones que conciernen a mi vida futura —por ejemplo, la decisión para una compañía, la decisión por una profesión o por un cambio de profesión, la decisión de un cambio de lugar, la decisión para un camino célibe—, hay ayudas concretas. A continuación, quisiera describir tres ayudas.

La primera ayuda consiste en imaginar el futuro: en diez años, viviré con esta compañera o sin ella. ¿Qué clase de sentimientos crecen en mí cuando me imagino estar con esta compañera? ¿Y qué sentimientos experimento en mí cuando me imagino el futuro sin ella? O bien me imagino que, en cinco años, todavía sigo en esta profesión. ¿Cómo me irá entonces? O bien estoy en el nuevo puesto para el que soy evaluado. ¿Qué sentimientos se presentan entonces en mí? Luego, comparo el sentimiento con las alternativas respectivas. Allí donde hay más paz, vida y libertad, y donde más fluye el amor, está también la invitación para decidir sobre ello. Cuando en una alternativa predominan el temor y los miedos, es un signo de que ése no es mi camino.

También puedo preguntar: ¿Cuál es la voluntad de Dios? Los primeros monjes desarrollaron la doctrina del discernimiento (distinción) de espíritu. Ellos distinguen la voluntad de Dios de la voluntad de los demonios. Y distinguen los pensamientos que provienen de Dios de los que provienen de los demonios y que fluyen desde mí mismo. Para decidir de dónde provienen los pensamientos, puedo prestar atención a la cualidad de mi alma, a la forma y el modo en que mi alma reacciona ante los pensamientos. Los pensamientos que provienen de Dios producen en mí paz, libertad, vida y amor. Los pensamientos que provienen de los demonios —hoy diríamos, más bien, los que provienen del superyó— ocasionan en mí temor y estrechez. Me proporcionan el sentimiento de la exigencia excesiva. Me siento tenso, interiormente me acalambro. Los pensamientos que provienen de mí dispersan y no hacen vinculaciones. Me desplazo por las zonas de estos pensamientos, sin afirmarme en ninguna. Esos pensamientos no centran, sino que diluyen mi yo.

Este discernimiento o distinción de espíritus, tal como lo desarrollaron los monjes, puede ayudarnos en nuestras decisiones. Allí donde están estas cuatro cualidades del alma —paz, libertad, vida y amor—, allí debo decidirme. Allí encuentro la voluntad de Dios. Allí está para mí la bendición de Dios.

Las cuatro cualidades del alma corresponden a lo que la Biblia siempre describe como signos distintivos del espíritu de Jesús. Jesús mismo dice de sí: "Yo soy el Camino, la Verdad y la Vida" (Jn 14, 6). Allí donde está la vida, está Jesús con su espíritu.

El apóstol san Pablo dice de Jesús: "Porque el Señor es el Espíritu, y donde está el Espíritu del Señor, allí está la libertad" (2 Co 3, 17). Y, en la Epístola a los Gálatas, san Pablo cuenta entre los frutos del Espíritu, ante todo, el amor y la paz. También se podría, naturalmente, tomar los otros frutos del espíritu como criterio de que el Espíritu Santo está obrando en esta decisión o que hemos decidido conforme con el obrar del Espíritu Santo: "El fruto del Espíritu es: amor, alegría y paz, magnanimidad, afabilidad, bondad y confianza, mansedumbre y temperancia" (Gal 5, 22). Estos nuevos frutos son el desarrollo de los cuatro criterios arriba mencionados para una decisión forjada espiritualmente. La alegría y la amplitud, la confianza y la magnanimidad interiores interpretan el amor y la libertad interior.

La segunda ayuda y ejercitación es similar a la primera, pero mi imaginación se desplaza temporalmente. Voy dos días con una idea fija: Tengo que decidir ingresar al claustro, o tengo que decidir mantenerme en esta profesión y en este puesto. Permanezco con mis pensamientos, para poder decidirme. En el desayuno, estoy expectante con este pensamiento. Cuando me desplazo, es claro que me he decidido. En los diálogos con otros, tengo siempre esta decisión en la mente. Luego, registro el sentimiento que tenía en esos dos días. Posteriormente, a lo largo de mi vida cotidiana, estoy dos días con la otra decisión. Me levanto con un pensamiento: Tengo que decidir contra el claustro o contra este puesto de trabajo. En el desayuno, en el trabajo, en el tiempo libre, en todas partes, me acompaña el pensamiento de vivir esta otra alternativa. Luego, después de esos dos días, registro de nuevo el sentimiento que he tenido. Y entonces comparo los sentimientos que he tenido en ambos momentos. Allí donde predominan los sentimientos de paz, libertad, vida y amor, mi alma quiere decidir.

Muchas veces, este ejercicio no proporciona claridad, razón por la cual es importante esperar. Es importante establecer plazos dentro de los cuales debemos decidir. Pero, a pesar de ello, no podemos "agitar cada decisión como fruto de la casualidad". Y, cuando nos ponemos luego bajo demasiada presión, esto ya no nos ayuda. Entonces necesitamos paciencia.

Con frecuencia, he experimentado que este ejercicio es un impulso para poner en marcha un proceso de decisión. En el primer momento, la decisión fue más bien a favor de la permanencia en el claustro, en el puesto de trabajo o en el matrimonio. Pero, con el tiempo, se cristaliza otra decisión.

Es importante que, en algún momento, impere la claridad. Aquí son necesarias dos cosas: la paciencia, que madura una decisión, y el valor de tomar la decisión. En algún momento, debo dar un salto. Aunque no puedo forzar decisiones fundamentales sobre mi vida con un plazo temporal. Por un lado, es bueno predecir: Dentro de dos semanas, debo decidirme. Pero, con frecuencia, he experimentado que un límite temporal de este tipo pone a los hombres bajo demasiada presión; y esta presión no es provechosa para una decisión libre. Por un lado, debo exigirme; por otro, me tengo que dar tiempo para dar el salto, si este salto me hace avanzar realmente.

Una tercera ayuda y ejercitación consiste en confiar en los sueños o las imágenes internas que Dios me envía. Puedo pedir a Dios que me conceda un sueño que pueda ayudar con mi decisión. Algunos hombres tienen una certeza interior sobre lo que los sueños les pueden decir. Una mujer había obtenido un puesto de bibliotecaria. Pero a la noche soñó que en ese puesto imperaba el caos. Ella decidió contra el puesto, si bien el cambio la habría ayudado mucho financieramente. Su sueño le dio la razón pues, cuando más tarde pudo averiguar con más precisión, supo que allí imperaba un mal clima de trabajo y que las relaciones de poder eran muy turbias.

En otros casos, los sueños dejan inseguridad. Carl Gustav Jung dice que no se debe dejar la decisión a un sueño. Se debe incluir el sueño en la decisión. Es una voz importante que quiere ser escuchada. Pero la decisión es una cosa clara de la voluntad, la cual toma en consideración el entendimiento, el sentimiento y las imágenes interiores de los sueños. Pero algunos hombres tienen, luego de un sueño, la certeza interior de que deben decidir así. Es menos una interpretación del sueño lo que presiona a la decisión, que el sentimiento que ellos tienen al despertar.

El siguiente ejemplo muestra cómo los sueños pueden ayudar en el camino de decisión. Durante varios años, se acercó a mí un joven para hacer ejercicios espirituales. En estos ejercicios, él quería tomar una decisión: si se casaba con su novia o si tenía que separarse de ella. Los argumentos racionales a favor o en contra del casamiento ya no le servían. Por un lado, se entendía bien con ella. Ambos eran activos en el trabajo juvenil y tenían "la misma onda". Pero ella no era la mujer de sus sueños, de la que estuviera muy enamorado. En esa semana de ejercicios, él había tenido dos sueños importantes. En el primero de ellos, soñó que estaba en camino al altar con su novia. En un momento, él dice: "No, no me quiero casar contigo". Pero, al final del sueño, ellos estaban juntos en el altar, en el cual se celebró el casamiento. El otro sueño era similar. Discutió con su novia, se fue y tomó un tren en el que había terroristas. Se unió a ellos y disparó con una pistola. Al final del sueño, estaba de nuevo con su novia en la iglesia y celebrando el casamiento.

Los sueños ayudaron al joven a decidir a favor de su novia. Pero le plantearon también dos tareas importantes.

El primer sueño decía: "Primero debes poder decir no, antes de que puedas decir realmente sí". El joven no se sentía realmente libre. Tenía miedo de la reacción de las jóvenes para las cuales él era responsable, como director de juventud, si él abandonaba a su novia, a la que todas conocían. Muchos hombres no confían en decir no. Se dejan determinar demasiado por lo que dirían los otros ante esta o aquella decisión. Pero sólo cuando me siento libre para decir no mi sí es un sí real.

El segundo sueño decía: "Primero debes ser hombre, antes de que puedas casarte con una mujer". El joven era más bien un buen tipo, un "buenazo". Tenía que entrar en contacto con sus agresiones, con su costado varonil, a fin de poder ser un compañero racional para su esposa. En este caso, ambos sueños le habían mostrado al joven un camino que era más profundo que un argumento puramente racional. Ahora él podía decidir a favor de su novia a partir de su corazón.

No siempre puede haber sueños nocturnos que nos ayuden con la decisión. También puede haber imágenes interiores que surjan en nosotros. En un plano más profundo, nos muestran cómo debemos decidir. Por supuesto, es importante considerar conscientemente también estas imágenes y tomar la decisión en el contexto de las imágenes. No podemos dejar la decisión a las imágenes.

Un médico vino hacia mí con la pregunta de si debía abrir un consultorio en su pequeña ciudad o asumir un puesto de director médico en un hospital. Los principios racionales no le permitían reconocer con claridad. Ambos caminos eran lógicos y viables. Por eso, lo invité a cerrar los ojos y percibir cuáles imágenes brotaban en él cuando se imaginaba haber abierto el consultorio. Luego de un par de minutos, abrió los ojos y relató que la imagen que le había venido era que él estaba sentado detrás de un gran escritorio y estaba ebrio. El médico no tenía problemas de alcohol, ésa fue la imagen que provenía de su interior. Yo le dije que él no debía decidir tan inmediatamente, sino que debía esperar a la noche. Pero primero debía aceptar la imagen. Él se decidió finalmente contra el consultorio. Y la realidad le mostró que su decisión había sido correcta. Ha continuado bien por este camino y finalmente ha llegado a ser director médico. Su alma lo había ayudado a decidir en las imágenes.

Desafortunadamente, las imágenes no son tan claras en todos los hombres como lo fueron en este médico. Pero, en todo caso, no debemos acercarnos a la decisión sólo con el entendimiento, sino también con el corazón, el cual nos provee frecuentemente imágenes que nos señalan un camino.

Pero todos estos métodos no son una panacea que nos posibilita tomar siempre la decisión correcta. A veces, tales métodos quedan sin un resultado concreto. Desde hace veinte años, acompaño a sacerdotes y religiosos en la *Recollectio-Haus* de la abadía de Münsterschwarzacher. Frecuentemente, se acercan con la pregunta de cómo deben decidir: a favor o en contra de su sacerdocio, a favor o en contra de la parroquia en la que estuvieron los últimos años, a favor o en contra de la vida religiosa. Varios vienen con la presión interior que les impone que, luego de doce semanas allí, deben saber con toda claridad lo que quieren y cómo visualizan su vida en el futuro. Quieren decidir claramente para siempre. Pero luego, a menudo, se ponen bajo presión y muchas veces entran en pánico, porque hasta luego de nueve semanas todavía no ven claro cómo deben decidir. Yo intento entonces transmitir a los huéspedes que ellos no deben decidir para toda su vida. Deben decidir lo que quieren hacer luego de las doce semanas: si retornar a su parroquia o al jefe de personal para solicitar un cambio, o pedir un tiempo de espera más largo. Deben decidir si ellos vuelven a la Orden o piden una licencia, para examinarse todavía más.

En todas las decisiones que tenemos que tomar, siempre debemos considerar también la propia alma. Muchos religiosos o sacerdotes deciden rápidamente por su camino. Ahora bien, sería bueno darse tiempo y confiar en lo que madura en uno. En el acompañamiento espiritual, se percibe con frecuencia si el tiempo para una decisión de vida es suficiente o si el huésped debería contar todavía con más tiempo y espacio.

Pero precisamente, como el huésped necesita la experiencia de la libertad interior para poder decidir bien, también yo, como acompañante, debo tener esa libertad. Como acompañante, necesito la indiferencia que san Ignacio de Loyola solicita para el proceso de decisión del ejercitante. Siento en mí cómo podría urgir al huésped en una dirección. En mí está la tendencia de rescatar una vocación sacerdotal o una vocación religiosa, pero en el acompañamiento debo estar libre de mis propios deseos. Se trata de buscar lo que proporciona más fruto y consuelo para el otro, lo que lo conduce por el camino a una vida, una libertad, una paz y un amor mayores. No se trata de que yo pueda exhibir un buen resultado de mi acompañamiento, de que yo pueda devolver un sacerdote al obispo o prohíba que una religiosa vuelva a la Orden. Se trata única y exclusivamente de la voluntad de Dios para este hombre o para esta mujer. Todos los deseos egocéntricos deben retroceder.

5
Decisión y responsabilidad

En cada decisión, asumo también la responsabilidad por las consecuencias que surjan de ella. A muchos se les hace difícil decidir, porque rechazan la responsabilidad por su obrar. Permanecen más bien en el rol pasivo del observador. Inmediatamente después de que he decidido hacer algo, también tengo la responsabilidad de sostener esa decisión. Y la responsabilidad se refiere siempre no sólo a la decisión en sí, sino también a sus consecuencias.

El sociólogo Max Weber fue el primero en distinguir entre la ética del sentimiento y la ética de la responsabilidad. No basta sólo con ser nobles en el sentimiento. También somos responsables siempre por nuestro obrar y por las consecuencias de nuestras acciones.

El filósofo judío Hans Jonas puso la responsabilidad en el centro de su filosofía. A la obra fundamental de su filosofía la llamó *Das Prinzip Veranwortung* [El principio responsabilidad]. El hombre es responsable por esencia. La responsabilidad tiene que ver con la respuesta: el hombre responde a un llamado de Dios; con su vida, él da una respuesta. Y la responsabilidad tiene que ver con la personalidad del hombre. Como persona, yo doy respuesta a la pregunta de otra persona; en definitiva, a la persona de Dios. Decimos que tratamos responsablemente con la Creación. Pero, en definitiva, es siempre responsabilidad respecto de un tú. Responsabilidad respecto del Creador que nos ha encomendado la Creación para que nosotros la protejamos y cuidemos.

El Antiguo Testamento nos plantea tres preguntas fundamentales, a las que debemos dar respuesta. La primera pregunta es la pregunta de Dios a Adán: "¿Dónde estás?" (Gn 3, 9). Dios nos pregunta dónde estamos, por qué hemos obrado de esa manera. Adán, el primer hombre, se oculta de Dios. Tiene sentimientos de culpa y no puede hacerse cargo de su acción; por eso, le adjudica a Eva la culpa por su acción. No asume la responsabilidad por su obrar. Es un mecanismo que hoy conocemos suficientemente. No asumimos nuestra responsabilidad, sino que siempre nos sentimos víctimas. Culpables son siempre los otros. Culpamos a los otros, en vez de cargar sobre nosotros la responsabilidad de nuestro obrar.

La segunda pregunta de Dios se dirige a Caín, después de que mató a su hermano Abel: "¿Dónde está tu hermano Abel?" (Gn 4, 9). Caín también esquiva la pregunta y responde: "No lo sé. ¿Acaso soy yo el guardián de mi hermano?". Dios le recuerda a Caín que él es responsable por su hermano y por su comportamiento respecto del hermano. Pero también Caín elude esta responsabilidad. Y, justamente porque él abandona esta responsabilidad, debe deambular sin descanso e inquieto por el mundo. Ya no logrará una vida tranquila. Su conciencia no lo deja tranquilo. El que rehúsa la responsabilidad por sus hermanos y sus hermanas deambula sin descanso, pues ha roto la unión con ellos. Por eso es un solitario, porque no está unido a sus hermanos y a sus hermanas, se siente expulsado, y huye finalmente de sí y de las consecuencias de su comportamiento.

La tercera pregunta que Dios le plantea al hombre es un pregunta misionera. Dios le pregunta a Isaías: "A quién enviaré y quién irá por nosotros?" (Is 6, 8). El profeta está preparado para responder esta pregunta: "¡Aquí estoy, envíame!". El profeta Jeremías se opone, al principio, al envío de Dios. Dice: "¡Ah, Señor! Mira que no sé hablar, porque soy demasiado joven" (Je 1, 6). Pero Dios no acepta esta excusa: "No digas: 'Soy demasiado joven', porque tú irás adonde yo te envíe y dirás todo lo que yo te ordene. No temas delante de ellos, porque yo estoy contigo para librarte —oráculo del Señor—" (Je 1, 7-8).

Responsabilidad significa responder al llamado de Dios, que Él me dirige. No se trata de asumir responsabilidad por mí y por mi vida, sino de responder al llamado que me envía al mundo y que me confiere la tarea de conformar y configurar este mundo.

En cada decisión, asumimos la responsabilidad por lo que se deriva de nuestra decisión. Hans Jonas dice que no sólo somos responsables por las consecuencias de nuestra acción; al mismo tiempo, debemos asumir una responsabilidad previsora por este mundo. En cada decisión, debemos mirar al futuro: qué efectos tiene para nosotros mismos, para los hombres y para la Creación. Jonas establece el principio básico: "Obra de tal modo que los efectos de tu acción sean compatibles con la permanencia de una vida humana noble en la Tierra".

Hans Jonas ve la responsabilidad paterna como imagen arquetípica para cada responsabilidad. Los padres asumen la responsabilidad íntegra por el hijo, por su cuerpo y su alma, por su bienestar actual y por su crecimiento en el futuro (cf. JONAS, 189 y ss.). Son responsables de la educación, del carácter, del conocimiento y del comportamiento del hijo. Esta imagen es válida también para cada decisión que tomamos. Nosotros asumimos la responsabilidad por el momento presente, pero también por el futuro. Creamos un espacio en el que puede crecer algo. Asumimos la responsabilidad por nosotros mismos, por nuestro cuerpo y nuestra alma, y asumimos también la responsabilidad por las personas que están a nuestro alrededor.

Pero esta responsabilidad tiene un límite. Sólo somos responsables por nuestra decisión pero, como los hombres que están a nuestro alrededor también deciden sobre nuestro obrar, ésta es su responsabilidad. Hay también personas que se sienten responsables de todo; con ello, se abruman a sí mismas. Frente a un primogénito, frecuentemente se sienten responsables por todo. Han aprendido en su familia a ser responsables por los niños más pequeños, con lo cual han hecho mucho bien a sus hermanos. Pero el peligro está en que ahora consideran también a las personas que están a su alrededor como si fueran hermanos menores, por cuyos actos mismos son responsables. Justamente aquí es importante asumir la responsabilidad por el otro, pero sin sentirse totalmente responsable. ¿Cuándo mi responsabilidad por el otro provoca su propia responsabilidad? ¿Hasta dónde debo confiarle su responsabilidad?

A muchos hombres se les hace difícil decidir, porque tienen temor por las consecuencias de su decisión. Tienen miedo de asumir con ella la responsabilidad por algo que no previeron. De su decisión podrían surgir perjuicios para ellos mismos y para su entorno. Por eso, más bien, no deciden.

Pero no decidir no beneficia a nadie. En una empresa, el que no decide y simplemente deja que las cosas pasen perjudica a sus compañeros. No hay nada más por delante en la empresa. Lo mismo vale para la familia. Cuando los padres no deciden nada respecto del hijo, no saben cómo están sintonizados. Allí entonces no se puede desarrollar nada. Cuando los padres deciden contra la voluntad de los hijos, éstos pueden rebelarse o aceptar la decisión. Pero, si ellos no deciden en absoluto, entonces viven en un espacio sin definir. Allí no puede crecer nada, no se desarrolla ninguna forma.

Naturalmente, hay cosas que crecen solas, sin que nosotros debamos decidir algo. Pero, en muchas áreas, la falta de decisión paraliza el crecimiento: tanto el crecimiento personal como el crecimiento de una comunidad, de una empresa o de una sociedad.

En la historia, hombres de Estado o generales, con frecuencia a través de una decisión intuitiva, han marcado el futuro de su país. En la época de la reunificación alemana, Helmut Kohl aprovechó el momento y, a través de una decisión veloz, signó el panorama político. A veces, es la intuición de un hombre la que configura el futuro. A veces, es también una teoría que propone alguien. A través de decisiones intuitivas, Filipo de Macedonia y Alejandro Magno marcaron el futuro del mundo; Lenin y Karl Marx lo hicieron a través de la teoría que desarrollaron. Pero también hubo una decisión: los pensamientos que se formaron en su interior, para registrar el mundo.

Todo lo que hacemos tiene consecuencias en el mundo. Cada pensamiento que exteriorizamos deja su efecto en el mundo. Albert Einstein manifestó alguna vez: "Un pensamiento que se exteriorizó alguna vez ya no puede ser deshecho", ya que desarrolla su efecto en las mentes de los hombres y, por último, en toda la sociedad.

También nuestras decisiones cotidianas tienen efectos sobre nuestro entorno. Si decido por la alegría o por el desgano, no es sólo mi placer privado, ya que tiene efectos también en mi entorno y, a través de mi entorno, en todo el mundo. Por eso asumimos, con todas nuestras decisiones cotidianas —tanto decisiones para obrar como decisiones por una idea o por un sentimiento—, la responsabilidad por nosotros y por nuestro mundo.

Pero la responsabilidad significa también que, con nuestras decisiones, conseguimos un efecto para nuestro mundo. Lo que proviene de nosotros en ideas, en sentimientos, en obras y en carisma marca nuestro mundo circundante. No es igual si nos dejamos determinar por pensamientos agresivos y destructivos, o si trabajamos en ellos para entrar en armonía con nosotros mismos. Con todo lo que hacemos y somos, imprimimos una huella en este mundo, le ponemos un sello al mundo. En todo lo que hacemos y pensamos, estamos siempre referidos a otros hombres.

Es nuestra tarea configurar este mundo humana y amorosamente. Esto ya lo reconoció el poeta griego Sófocles, quien en su tragedia *Antígona* señala a los hombres su responsabilidad: "No existo para compartir odio, existo para compartir amor". Debo decidirme por esta alternativa. Sólo así surge de mí una bendición. Cuando me decido por el odio, por mí se derrama la desgracia en este mundo.

6
Decisión y Ritual

Muchos hombres se sienten abrumados por tener que decidir constantemente a favor o en contra de algo. Deben decidir diariamente cuándo se levantan, lo que hacen luego de levantarse, cómo preparan el desayuno, si deben hacer esto o aquello. Para ellos, es un alivio que la vida esté marcada por rituales.

Los rituales estructuran la vida. Cuando tengo mi sólido ritual matutino, entonces no necesito decidir cada vez de nuevo cuándo me levanto y cómo comienzo el día. Muchos creen que los rituales llevan a un obrar vacío; con ellos, simplemente yo viviría y omitiría las decisiones necesarias. Por eso, se necesita una sana tensión entre los rituales y las decisiones.

En alguna ocasión, debo decidir también a favor de los rituales. Es mi responsabilidad cómo configurar el día. Pero, cuando alguna vez tengo que decidir por un ritual determinado, no necesito decidir de nuevo cada día cómo lo transcurro. Los rituales nos alivian de la presión de tener que decidir por una cosa o por otra en cada momento. Pero los rituales también pueden vaciarse, con lo cual llevan a que vivamos siempre en el mismo trajín, sin tomar las decisiones necesarias que la vida nos exige. Los rituales deben crearnos un espacio libre para que no dejemos pasar las decisiones de nuestra vida, sino que las tomemos siendo interiormente libres.

Muchos creen que los rituales conducirían a una vida inconsciente, en la que todo sigue siempre el mismo curso. Pero éste no es el sentido de los rituales. Los rituales quieren invitarnos a configurar nuestra vida misma y darle una forma clara. El crecimiento necesita una forma, ya que sin forma no hay crecimiento. Esto vale también para la naturaleza. Los rituales quieren repetir el ritmo y el crecimiento de la naturaleza. Ellos pretenden una estructura que me hace bien.

Pero luego también hay situaciones en las que debo decidir. Si yo quisiera disponer la meditación matutina, y justamente un pedido de ayuda de un amigo me exige o un hijo grita, entonces debo decidir lo que es importante para mí: mi ritual diario, mi hijo o mi amigo. Cuando, en todo caso, me he puesto realmente a meditar, entonces es prudente silenciar el teléfono, poner el contestador, para poder hacerlo sin ser molestado. Necesitamos esos momentos en los que no permitimos que nadie nos perturbe. También aquí se necesita un buen mediador entre la protección de mi tiempo y la capacidad de admitir siempre nuevas situaciones en la que me ponen otros hombres.

Roger Schutz, el difunto prior de Taizé, pensó alguna vez en la visión de una Orden tradicional: varias veces, envidió sus rituales y sus firmes tradiciones, que facilitan y ordenan la vida. Si en Taizé tenían que decidir diariamente cómo querían configurar la vida común, podría ser también muy tedioso.

Muchos visitantes que comparten con nosotros el ritmo de la vida cotidiana en el claustro de la abadía de Münsterschwarzach sienten cuánto bien les hace ese ritmo establecido. Esto no significa vivir en forma simple, sino tener una vida conformada. Pero, a pesar de ello, esta vida conformada necesita permanentemente decisiones: una de ellas, la decisión a favor de la vida, a favor de la alegría, contra el rol de víctima y contra sentimientos negativos que fluyen sobre nosotros; otra, la decisión por la configuración concreta de mi vida cotidiana.

Los rituales nos abren un espacio para las decisiones esenciales que no podemos evitar. Nos alivian de muchas decisiones sobre cosas externas —como el orden diario—, a fin de darnos fuerza para afrontar lo importante en nuestra vida. Pero, en tanto practico rituales, también tengo que decidir vivir, en lugar de padecer la vida; configurar yo mismo mi vida, en vez de dejar que otros la determinen.

En virtud del trabajo, siento que a veces lo externo me absorbe: en la organización, en las entrevistas, en las respuestas de los numerosos correos. Los rituales me retiran de lo externo y me ponen en contacto conmigo mismo, con mi centro. Y, cuando estoy en mí, entonces siento también que decido desde mi centro.

Muchas veces, mis decisiones son solamente reacciones a preguntas que debo responder de una manera u otra. Es todo un arte decidir rápidamente sobre esas preguntas. Esto alivia la vida. Pero, a veces, siento también que me cansa tener que tomar permanentemente decisiones. Cuando estoy otra vez en contacto conmigo a través de un ritual, entonces crece en mí una agilidad interior. Entro en contacto con mi intuición y, a partir de ella, puedo decidir rápidamente sobre las numerosas y pequeñas preguntas, sin ponerme bajo presión.

Los rituales no sólo nos alivian de tomar diariamente muchas decisiones. A veces, pueden ser también una ayuda para tomar decisiones. En el claustro, conocemos rituales para las decisiones que debe tomar el convento. Hay en nosotros determinados interrogantes sobre los cuales debemos decidir en común, como por ejemplo la admisión de un joven cofrade a profesor, la decisión sobre un proyecto de construcción o la aceptación de nuevas tareas.

Cuando es conveniente una decisión, entonces el abad del convento presenta el problema y después se lo discute, y al final hay una votación general. Cada uno recibe una papeleta, sobre la cual están el "sí" y el "no". Se marca con una cruz el "sí" o el "no", y así se da el voto.

En el presbiterio, en nuestro organismo que ayuda al abad con las preguntas personales y de orientación, hay otro ritual para tomar decisiones: luego de la discusión, se formula una propuesta. Cada miembro recibe una bola negra y otra blanca. El que está de acuerdo pone la bola blanca en un recipiente cerrado. El que está en desacuerdo pone la bola negra. Después el abad abre el recipiente y ve inmediatamente cuántas bolas negras y blancas hay.

Cada grupo, y también el Estado, conocen elecciones que transcurren bajo determinados rituales. Cuando alguien ha sido elegido, se le pregunta si acepta la elección. En este momento, él debe decidir.

Pero hay también otras formas de rituales que nos pueden ayudar a tomar decisiones personales. Varias veces, nos ponemos un plazo para tomar una decisión. Decimos: "En primer lugar, debo descansar y dormir". O vamos primero a la oración. Esto es un ritual. No decidimos cuestiones importantes sin realizar determinados rituales, como ir en silencio, rezar, o también pedir oración para otros.

También puede ser un ritual decidir no responder por teléfono una pregunta que nos llega de esa forma, sino decir:

"Quiero examinar la pregunta, y mañana responderé". Al ritual de la respuesta, corresponde para mí que no doy un fundamento para mi promesa o mi negativa, sino que simplemente digo: "lo prometo" o "me niego". En cuanto tengo que justificarme, se produce un diálogo inútil. La respuesta ritualista se preocupa por la claridad. Y ella me defiende, ante todo, de que me sorprendan por teléfono.

Antiguamente se sorteaban las decisiones en las que el entendimiento no era lo único preponderante. Con ello se expresaba que, en definitiva, se confiaba la decisión a Dios. Así los apóstoles sortearon al sustituto que debía reemplazar a Judas como el apóstol número doce. Pero previamente ellos rezaron: "Señor, tú que conoces los corazones de todos, muéstranos a cuál de los dos elegiste para desempeñar el ministerio del apostolado" (Hch 1, 24).

Muchos realizan hoy otros rituales, antes de tomar decisiones. Recorren el camino de Santiago antes de decidir ingresar al claustro, casarse o cambiar de profesión. Otros hacen una peregrinación. Otros también encienden una vela, para que llegue claridad a sus pensamientos. Otros hacen una excursión, dan un paseo para liberar sus mentes. Luego, se toma la decisión.

Con frecuencia, hay pequeños momentos que dejamos entre la pregunta y la decisión, pero esto no sucede siempre. Después, puede haber al menos una ayuda, para detenerse brevemente y escuchar el corazón o las vísceras. Cada uno tiene sus rituales. Éstos ayudan a que la decisión no sólo sea formulada en forma puramente racional, sino que, en lo profundo del alma, se despierte confianza para tomar la decisión correcta.

También conocemos rituales que documentan exteriormente una decisión. La celebración del matrimonio ante el registro civil es entonces un ritual. Más acentuado es el ritual de la celebración eclesial del matrimonio. En ésta, se expresa en rituales externos la decisión interior de los cónyuges, y se la documenta frente a los testigos y los invitados presentes. En consecuencia, un ritual no es solamente una celebración externa. El consejero matrimonial Hans Jellouschek afirma que "una acción simbólica, ritual y pública puede ser una gran ayuda para la 'materialización' de la decisión de casarse. Con ello se subraya terminantemente el tránsito a una nueva fase de la vida. Por eso es de un valor inapreciable un ritual que es realizado pública y comunitariamente" (JELLOUSCHEK, 56).

Lo mismo vale también para otros rituales que hacen pública una elección o una decisión, como por ejemplo la ordenación sacerdotal o el nombramiento de un abad, o también la asunción de un intendente o de un ministro.

El carácter público de los rituales da al hombre la energía necesaria para la decisión que él ha tomado para su vida, y también para llevarla a cabo. Y, respecto del interesado, los rituales dan un sentimiento de responsabilidad al hombre frente al cual se realiza el ritual, pero también un sentimiento de claridad y de seguridad. Ahora, me tengo que decidir para este rol, para esta tarea. Ahora, asumo también la responsabilidad de esta tarea.

7
LOS DIFERENTES MODOS DE DECISIÓN

Cuando hablamos de decisión, hacemos mención a cosas muy diferentes. Están las grandes decisiones vitales, que necesitan una larga reflexión, porque nos afectan para toda la vida. Y están, por ejemplo, las decisiones en una empresa, decisiones que debemos tomar permanentemente en nuestro trabajo.

También, en otra parte de la vida cotidiana, estamos colocados continuamente frente a decisiones: decisiones respecto de nuestras compañías, decisiones sobre si ahora vamos a un lado o a otro, si decimos esto o aquello, si debemos actuar o no. Y hay decisiones para la vida. Éstas son decisiones fundamentales para un enfoque totalmente firme frente a la vida.

Quisiera considerar ahora más detalladamente estas diferentes decisiones.

Decisiones vitales

No se puede simplemente tomar decisiones vitales en forma visceral, ya que esas decisiones necesitan tiempo. En ellas está en juego la determinación del futuro. Es una gran diferencia si me decido a favor del matrimonio o por un camino célibe. Mi futuro depende de si yo me decido por esta sociedad con este amigo o con esta amiga, o si disuelvo la relación y busco otro camino. Y es una decisión vital si voy a un país extranjero durante algunos años a trabajar allí o a prestar ayuda para el desarrollo, si acepto esta o aquella carrera o me oriento profesionalmente en esta o aquella dirección.

Este tipo de decisiones necesita tiempo. Pero también hay hombres —como ya hemos visto antes— que se sienten presionados ante tales decisiones. Conozco personas que dicen: "Yo podría ingresar al claustro. Pero ahora es demasiado temprano. Todavía tengo que ocuparme de mis padres". Pero, cuando oigo esto, siento que es una excusa. El que habla de este modo no se decidirá jamás.

En este contexto, recuerdo la frase que Jesús le dice a alguien que quiere seguirlo, pero que primero quisiera enterrar a su padre: "Deja que los muertos entierren a sus muertos; tú ve a anunciar el Reino de Dios" (Lc 9, 60). Muchos hombres esperan para decidirse hasta que mueran sus padres. Pero entonces, la mayoría de las veces, es tarde para poder decidir en libertad, pues las principales puertas se cierran de golpe.

Hay un tiempo para la decisión vital. Cuando lo pierdo, entonces la vida toma la decisión por mí. En consecuencia, estaré determinado desde afuera. Padeceré la vida, en vez de vivir yo mismo.

Algunos no se tienen confianza para elegir la profesión a la que se los llama. Toman en consideración a los padres, que todavía los necesitan. La decisión de ocuparse de los padres puede ser absolutamente coherente. Pero entonces no debo lamentarme de aquello contra lo cual me he decidido. Sólo así puedo llevar a cabo mi decisión en el buen sentido. De otro modo, haré más o menos conscientemente el reproche a mis padres de que ellos son culpables porque yo no puedo estudiar, no puedo irme al extranjero o no puedo ejercer la profesión que deseo.

En cada decisión, debo ser claro sobre las consecuencias que ella acarrea. Y no debo lamentar lo que he dejado de lado, en cuanto a posibilidades, a través de la decisión. Sólo así puedo dedicarme con todo el corazón a las cosas que he decidido.

Otros tienen que proponerse tomar una decisión sobre su futuro, pero quieren asegurarse en todo sentido. Quieren convencer a sus padres de que esa decisión es la correcta o quieren obtener el consentimiento de sus amigos antes de decidir.

San Lucas hace referencia a una situación de este tipo, cuando habla de un hombre que quiere seguir a Jesús. Sin embargo, este hombre dice: "Te seguiré, Señor, pero permíteme antes despedirme de los míos" (Lc 9, 61).

Este pasaje es para mí una imagen de que él querría conseguir el consentimiento de su familia para el paso que va a dar. Por un lado, quiere seguir su propio camino, el que siente como correcto respecto de Dios. Pero, por otro lado, quiere también el consentimiento de sus amigos y sus parientes.

Jesús le dice a este hombre en forma muy radical: "El que ha puesto la mano en el arado y mira hacia atrás no sirve para el Reino de Dios" (Lc 9, 62). Jesús nos exige con esta frase que confiemos en los propios sentimientos. Cuando sentimos en nosotros que una decisión es correcta, entonces debemos tomarla, sin asegurarnos de nada.

Decisión significa también no ser entendido por otras personas y no encontrar consentimiento en todas partes. La decisión también aísla; con frecuencia, me pone fuera de la comunidad de apoyo. Y, sin embargo, el impulso interior es tan claro que debo seguirlo. Y la decisión requiere que yo mire al futuro. Cuando miro hacia atrás, y quiero examinar de nuevo si la decisión fue correcta, entonces la senda de mi arado se tuerce. Sólo cuando miro resueltamente hacia el futuro, puedo trazar una senda clara y profunda en el camino de mi vida.

Es bueno dejarse aconsejar frente a decisiones vitales importantes. Pero nunca podemos transferir la decisión a un acompañante o a un consejero. El otro sólo puede transmitirnos su punto de vista o decirnos lo que siente, pero somos nosotros los que debemos decidir.

En cada decisión, hay un momento en el que simplemente debemos dar un salto. No tenemos ninguna certeza absoluta que nos garantice que debemos ingresar al claustro o casarnos, si debemos casarnos con esta novia o debemos separarnos de ella. Debemos plantearnos en forma madura la pregunta, debemos rezar respecto de ello y debatir con el otro. Pero jamás debemos preguntar al otro: ¿Cómo decidirías tú?

Más bien, debemos dejar que el otro nos pregunte por qué queremos decidir de este modo. El otro nos confronta con nuestros motivos. Pregunta si, más allá de la decisión de ingresar al claustro, por ejemplo, hay temor frente al mundo o temor frente a una relación. Nos pregunta cuáles son los motivos por los cuales nos movemos cuando nos decidimos a favor o en contra de algo.

¿Lo único que permanece es el temor? ¿O es el temor de unirnos al otro y exigirle toda su verdad? ¿O tenemos miedo de exhibir nuestra verdad? ¿Más bien queremos ocultarnos frente al otro en la falta de compromiso? ¿O queremos al mismo tiempo ambas cosas, no quedarnos solos, pero ser libres y dejar abierta una puerta trasera? ¿Las dudas que tenemos en la decisión de seguir con alguien son signos de que debemos separarnos? ¿O son la expresión de expectativas exageradas respecto del otro?

Con frecuencia, no podemos avanzar más con nuestra propia reflexión. Necesitamos a alguien que nos ponga frente al espejo, para que podamos juzgar mejor nuestros propios motivos e ideas.

En esas decisiones vitales, es importante enumerar todos los fundamentos a favor o en contra. Luego, veremos si la lista "a favor" es más grande que la lista "en contra". Pero no debemos quedarnos con los fundamentos racionales.

El siguiente paso sería analizar los motivos: ¿Por qué quiero ir al extranjero? ¿Por qué me decido por esta profesión o por ese puesto? ¿Es la ambición la que me lleva hacia adelante, o es mi necesidad interior? ¿Es la atracción de lo nuevo, es el espíritu aventurero? Todos esos motivos son válidos.

Jamás debemos pensar que tenemos solamente motivos puros. Nuestros motivos están siempre mezclados. Entre todos estos motivos, sería bueno preguntarse cuál es el principal y si este motivo se sostiene realmente. Luego, podemos hablar con Dios sobre nuestras motivaciones. ¿Corresponde esta motivación a la voluntad de Dios? ¿Por este camino queremos ser permeables para Dios o sólo probarnos a nosotros mismos?

Aunque, por ejemplo, haya demasiada ambición en juego, generalmente es razonable decidirse por una carrera. Pues, cuanto más influencia tengo, tanto más puedo producir también en este mundo. Y, cuanto más poder tengo, en forma tanto más sana puedo utilizar este poder. Sólo depende de que, en mi ambición, en mi anhelo y en mi lucha por poder, yo sea permeable para Dios. Reconozco que allí se juega un fragmento de ambición, de lucha por poder y de curiosidad. Pero, al mismo tiempo, intento ser conscientemente permeable para Dios. Me digo: "No se trata de mí, sino de que el Reino de Dios sea visible, de que Dios pueda obrar más y efectivamente a través de mí".

Veo a muchas personas creyentes a las que se les hace difícil tomar una decisión profesional. Más bien, permanecen en el rango inferior de una empresa, aun cuando se les ofrece un puesto superior. Tienen temor, como si tuviesen sólo a la vista su propia carrera. Por eso, permanecen más bien modestos.

Pero una carrera no es en sí nada malo. Ella indica también que yo asumo más responsabilidad y, por eso, puedo dar más forma a las cosas. Cuanto más poder tengo, tanto más puedo también utilizarlo para bien del hombre. En vez de rechazar el poder y la carrera, cerrándolos con llave, deberíamos justamente poder ser permeables al espíritu de Jesús. En mi poder y con mi poder, estoy al servicio del hombre en el espíritu de Jesús.

Todos los métodos que hemos visto antes —la oración, el silencio, mantener a la vista las diferentes alternativas y estar atentos a los sentimientos— pueden ayudarnos en el caso de una decisión vital. Pero no importa qué método utilicemos: un día, llega el momento en el que debemos tomar la decisión. No podemos —acentúo esto una vez más— postergar mucho tiempo la decisión de nuestra vida.

Es necesario zambullirse en la confianza que esta decisión nos da. No es crucial que las consecuencias de la decisión nos hagan siempre felices. Lo crucial es si confiamos en que continuamos interiormente por este camino, que este camino es un camino de transformación en el que siempre llegamos a nuestra propia verdad, en la única y originaria forma que Dios ha hecho de nosotros.

Decisión en la sociedad conyugal

Muchas veces, una sociedad entra en una crisis porque a uno de los socios se le hace difícil decidir. Esto comienza en las decisiones de la vida cotidiana. Un hombre, por ejemplo, dice que él debe vender su automóvil. Pero hace cinco años que habla de eso y nunca hace nada. La esposa siente que ella debería presionar a su esposo una y otra vez. Pero, con el tiempo, ella va diluyendo esta presión permanente, de la que, sin embargo, no deriva una decisión del hombre. Muchas veces, entonces, la esposa debe tomar la decisión, porque el esposo jamás puede decidirse.

Convivir con un socio indeciso es, a la larga, muy agotador. Se extrañan la complacencia y la claridad. No se puede confiar en nada. El otro promete algo, pero no se decide por lo que ha prometido. El esposo promete que trabajará menos, a fin de tener más tiempo para su esposa; pero ninguna decisión sigue a la promesa. Ese tipo de experiencias hacen que, con frecuencia, la esposa se canse. No tiene más ganas de luchar. Ya no puede confiar en su esposo. Ella no ve nada de lo que él ha prometido.

Pero, junto con el cónyuge al que le cuesta decidir, hay también cónyuges que deciden todo. Deciden lo que se compra para la casa. Deciden adónde se va de vacaciones y lo que se emprende durante el fin de semana. A veces, esto es suficiente para uno de los cónyuges. Con frecuencia, es el hombre el que decide siempre. A menudo, tiene una rapidez de decisión que es buena para la profesión, y también para el matrimonio.

Pero, en algún momento, la esposa se siente incapacitada. Ya no se le pregunta cuáles son sus deseos, tiene la impresión de que el hombre decide por ella. En algún momento, ella debe rebelarse y aclarar al hombre que deben encontrar otro camino para distribuir mejor las decisiones dentro de la sociedad conyugal. Sólo cuando ambos tienen el sentimiento de que están involucrados en las decisiones dentro de la sociedad conyugal y de la familia, el matrimonio tendrá éxito a largo plazo. Entonces, ambos se sienten en pie de igualdad.

Una mujer me contó que, con frecuencia, hay en las decisiones compromisos vagos que no hacen feliz a nadie. Si un compromiso es vago o si puedo vivir con él, lo siento en el corazón. Y yo puedo confiar en mi sentimiento correspondiente. En lugar de asumir siempre compromisos vagos, sería también útil el consejo del terapeuta de parejas Hans Jellouschek. Él sugiere que los cónyuges prueben alguna vez lo siguiente: que una semana el hombre tome la decisión de tener una tarde libre, y que lo hagan el fin de semana. A la otra semana, la mujer decide al respecto. El compañero se deja llevar siempre por lo que el otro ha sugerido y decidido.

Esto no es esclavitud; más bien, se pueden hacer por este camino buenas experiencias de las que, en caso contrario, uno mismo no se cree capaz. Pero lo decisivo es que yo me deje llevar con todo el corazón por lo que el otro propone. Cada cónyuge debe encontrar por sí mismo un camino para que ambos compartan las decisiones cotidianas, de tal modo que cada uno se involucre en serio y no se sienta discriminado.

Pero, en el matrimonio, no están sólo las decisiones cotidianas, sino también las decisiones fundamentales para el cónyuge. Esto no es hoy tan natural. Hans Jellouschek describe una opinión hoy ampliamente extendida, según la cual uno simplemente debe entregarse y dar amor; las decisiones solamente perturbarían el amor. Él llama a esto "una forma de idea del crecimiento concebida biológicamente" (JELLOUSCHEK, 50).

Pero, para Jellouschek, hay en esto mucha ideología. Ciertamente, se entiende porque, al principio, la decisión a favor del matrimonio tenía frecuentemente valor absoluto y ha sumergido a muchos hombres también en el dolor. Pero, si ahora caemos en lo opuesto y no arriesgamos nunca una decisión concreta para la sociedad, entonces surge lo que Jellouschek ha denominado, algo sarcásticamente, "el ejemplo del amante tardío" (JELLOUSCHEK, 51).

Si ambos socios que viven juntos para probar no se deciden, surge una sensación de aburrimiento y desilusión despreciable. "Cuando ellos son sinceros, nada los une más allá de la costumbre. Sin esto, habría sucedido algo especial; sin esto, uno habría lastimado especialmente al otro; de alguna manera, están juntos al final. Su amor se ha 'limitado'" (Jellouschek, 53). Muchas relaciones caen en una crisis porque se han edificado sobre la indecisión.

Hans Jellouschek considera el amor de pareja como un proceso, pero no ve ninguna contradicción entre el proceso de crecimiento y la decisión consciente: "Decisión, determinación y conformación pertenecen al desarrollo del hombre, también en la relación de pareja y en el amor de pareja" (Jallouschek, 54). Nuestro sí es frecuentemente inconsciente para el otro; pero debe llegar a ser un sí consciente.

"Sólo cuando he planteado para él una decisión consciente, voluntaria y expresa, sólo entonces he tenido éxito con él, sólo entonces mi afecto se convierte en donación" (Jellouschek, 55). Y, puesto que somos personas de naturaleza corporal y sensual, "la decisión para una relación" no debe "llegar a ser sólo consciente, sino que también debe hacerse visible".

Cuando las parejas deciden conscientemente ser el uno para el otro, entonces esta decisión proporciona una nueva cualidad a la relación. Y, cuando esas decisiones se llevan a cabo en un ritual público, entonces esto es una gran ayuda para la relación. En un ritual de este tipo, se trata siempre también de la obligatoriedad. Hoy se les hace difícil a muchos jóvenes la obligatoriedad. Pero "cuando desde el principio rechazo la perdurabilidad y la obligatoriedad, no me meto totalmente en la relación, y desde el principio la relativizo" (JELLOUSCHEK, 57).

Pero no sólo al comienzo de la sociedad conyugal se solicita la decisión. Existe prácticamente en cada matrimonio el momento en que se plantea la pregunta de si tengo que continuar o no con él. En este caso, debo decidir de nuevo a favor del matrimonio o en contra de él. También hay aquí cónyuges que no deciden y que, por eso, quieren dejar que todo continúe de ese modo.

Hay hombres que, además de su esposa, tienen una amante. La mujer se siente profundamente herida y le exige al hombre que decida entre ella y su amante. Pero el hombre no se decide. Querría que la situación se mantuviera así. Querría, además, jugar en la casa familiar el papel de padre fiel y esposo correcto. Pero, al mismo tiempo, querría la libertad para acudir a su amante cuando quisiera o cuando lo llamara. Ante la exigencia de su esposa de decidir, él no reacciona. Y tampoco se entrega a un lapso dentro del cual deba decidir.

En una situación así, la esposa debe decidir algo en un momento. Una esposa debería ponerle a su esposo la maleta en la puerta y cambiar la cerradura, para que el esposo advirtiera que ella va a fondo con su decisión. Cuando no se toma una decisión, los cónyuges se desgastan mutuamente.

Una decisión clara, aunque inicialmente duela, es siempre mejor que si no se decide nada.

Muchos retrasan la decisión con el argumento de que, dado que los hijos son pequeños, no se pueden separar. Éste es un argumento absolutamente justificado, pues los padres también tienen responsabilidad por los hijos. Y hay que estimar tanto el bien de los hijos como el de los padres. A veces, puede ser sano para los padres retrasar la decisión de separarse, o abandonarla totalmente, porque uno querría ocuparse en conjunto de los hijos y querría darles la seguridad que ofrece una familia.

Pero, a veces, este argumento no se sostiene. Cuando los padres están total y absolutamente distanciados, cuando ya no hay cooperación leal o convivencia, sino sólo heridas permanentes y pequeñas batallas, esto también afecta a los hijos. Resulta abrumador para éstos y los destroza interiormente. En consecuencia, a veces es mejor para los hijos que los padres se separen.

Pero es fundamental entonces que se separen lealmente. Muchos siguen siendo buenos amigos; muchos toman realmente de buena manera su responsabilidad permanente hacia los hijos. No usan a los hijos para sí mismos, sino que siguen siendo responsables de ellos. Muchos cónyuges se entienden mejor luego de una separación que durante su extensa y estrecha convivencia. La separación puede producir amplitud. Pero, entonces, en algún momento, se debe tomar también una decisión: si los padres quieren seguir separados y ser buenos amigos, o si puede haber una nueva colaboración en la misma casa.

Decisiones
en el trabajo

Muchos ejecutivos se sienten abrumados porque continuamente deben tomar decisiones. Los empleados vienen y preguntan si deberían redactar el informe de uno u otro modo, cómo deben reaccionar ante las quejas de un cliente o por cuál empresa deben decidirse para la adjudicación de tareas.

En esos casos, el jefe de sección no puede elaborar ideas durante horas respecto de la forma en que debe decidir. El empleado requiere una decisión rápida. Muchos ejecutivos se sienten, en estos casos, sometidos a presiones. Temen tener que responder por las consecuencias negativas, si se descubriera que su decisión no ha sido viable.

Un director de un banco me contó que cada vez más empleados bancarios se niegan hoy a tomar decisiones. Tienen temor de ser declarados responsables si, por ejemplo, no se puede reembolsar un crédito. Este temor lleva a que no se tomen más decisiones. Nadie quiere ser responsabilizado. O, para decidir algo, se exige la seguridad de que no haya riesgos vitales. A causa de ello, muchas empresas no consiguen crédito, porque no pueden demostrar que son seguras cien por ciento. La confianza y la fe ya no valen. Pero el que quiere seguridad absoluta para decidir un crédito probablemente jamás otorgará uno. Y, de este modo, él paraliza la economía y perjudica tanto a la empresa como a su banco, y ciertamente más que si un crédito no se devuelve alguna vez.

Como bodeguero, como ecónomo del claustro, continuamente debo tomar decisiones en forma individual. Esto se refiere, por ejemplo, a las obras de construcción en la abadía. En la sala de reunión, hablamos sobre los trabajos pendientes; allí escucho lo que dicen los maestros.

La mayoría de las veces, nos ponemos de acuerdo sobre un camino. Pero, otras los argumentos de los maestros son controvertidos. Cada uno presenta su opinión con cierta fundamentación, pero el diálogo no proporciona claridad, razón por la cual se me pide que decida. Naturalmente, no puedo tomar una decisión en forma arbitraria. Escucho los argumentos de los maestros, luego decido a favor de aquello acerca de lo que estoy mayormente convencido. En estos casos, no siempre puedo captar en forma totalmente racional los motivos. Con frecuencia, entonces, debo decidir visceralmente.

Pero tampoco podemos decidir en la sala de reunión todo lo que se presenta como problema en el transcurso de la construcción. Entonces, me pregunta el electricista dónde debe poner las cajas de distribución o las cajas de tomacorrientes. Le pregunto qué es lo que él piensa, pero a veces no está seguro. Por eso, él espera de mí una decisión rápida.

Si en cada pequeña decisión yo preguntara al comité, entonces sólo retrasaría innecesariamente la construcción. Naturalmente, hay cofrades que luego criticarán esta decisión. Es entonces mi responsabilidad, a la que me atengo para tener que decidir. Algunos se empacan y creen que se debe cancelar la decisión, pero entonces puedo argumentar que es bastante irrelevante si, por ejemplo, la caja del tomacorriente ahora está aquí o allí. Está decidido, y así queda.

Revisaré de nuevo una decisión cuando se muestre realmente como un impedimento. Los operarios quieren una decisión clara. Debo tomarla mientras escucho y juzgo los argumentos, pero luego debo escuchar mis sentimientos y decidir visceralmente. Mis cofrades y los empleados no viven esto como autoritario, sino como ayuda para lograr claridad.

Los gerentes se quejan muchas veces conmigo, porque deben decidir constantemente; y esto, la mayoría de las veces, bajo presión. En general, no tienen tiempo más que para escuchar su presentimiento. Un empleado llama, por ejemplo, en forma inesperada y querría inmediatamente una decisión. El gerente no puede reflexionar mucho tiempo sobre ello; debe responder inmediatamente. Varias veces, tiene la impresión de que justamente debe eximir de su decisión a empleados que son débiles para hacerlo. Pero ésta es también su tarea. Debe ser consciente de que ha asumido una responsabilidad y de que ésta se muestra también en la disponibilidad para asumir una decisión, cuando el empleado no puede decidir.

En todas las empresas, hay continuamente reuniones para tomar decisiones grupales. Muchos empleados son reacios a estas reuniones, porque con frecuencia se habla demasiado y mucho pasa a segundo plano. Pero hay también otra experiencia: las reuniones se celebran bajo una enorme presión de tiempo. La reunión se abre ya, porque al final se debe tomar una decisión sobre la estrategia, el producto, la campaña publicitaria, etc. Con frecuencia, el gerente siente que el tiempo para una buena decisión todavía no está maduro. Pero existe la presión para tomar, al final de la reunión, una decisión. En consecuencia, falta tiempo para un buen proceso de toma de decisiones.

A un seminario de liderazgo para empleados de Daimler fue nuestro abad, para lograr un diálogo más amplio. Los empleados preguntaron cómo los monjes se las arreglaban con las decisiones. El abad contó que las decisiones importantes son tomadas por todo el convento. Ocurre varias veces que, en una reunión conventual en la que se espera la decisión, él tiene el sentimiento de que habrá una votación crucial. Entonces, posterga la decisión. Convoca a una nueva reunión conventual, una semana más tarde.

En el ínterin, se pueden plantear algunas preguntas controvertidas, ya que los cofrades pueden reflexionar con toda tranquilidad sobre el proyecto. Las emociones intensas que surgieron en la última reunión se pueden dejar de lado, y en la segunda reunión conventual se toma entonces la decisión de manera mayoritaria.

Una votación crucial hubiera llevado a que los cofrades, que son inferiores en rango, se bloquearan. Entonces, no se sienten tomados en cuenta o colaboran en la realización sólo "con la mitad del corazón". Aquí es necesaria la prudencia que el instinto tiene por momentos. Cuando la presión es demasiado grande, con frecuencia no se toma una buena decisión.

Para que en una empresa se pueda tomar una buena decisión grupal, se necesitan buenas condiciones. Una condición sería que se anuncie que habrá decisiones importantes, pero que se dé tiempo entre la discusión grupal y la decisión. En la primera reunión, se discuten todas las posibilidades, todos se familiarizan con el problema; pero después, dos días más tarde, se celebra una segunda reunión, para promover la decisión.

En el lapso intermedio, todos pueden escuchar su sentimiento interior. No son suficientes los argumentos puramente racionales para forzar una decisión terminante; también se necesita el sentimiento visceral. Y, a veces, es necesario también escuchar los impulsos interiores, así como es necesario más tiempo para sondear nuevos hechos, para escuchar la voz del personal y dejar pasar ante los propios ojos las diferentes posibilidades.

Muchas veces, los gerentes se esconden detrás de una decisión grupal: el grupo decidió así, entonces no se puede discutir más el tema. Pero, con frecuencia, las decisiones grupales se producen en forma extraña, pues no siempre se toman según razones objetivas, sino también por motivos tácticos. Unos deciden sólo de tal modo, porque quieren tener influencia en el grupo. Por eso, los principios de la dinámica de grupos son frecuentemente decisivos. O bien el individuo considera ante todo la opinión de su jefe y la respalda, para hacerse querer por él y para continuar en carrera.

Una decisión grupal es buena solamente cuando cada individuo asume la responsabilidad por su decisión. Cada individuo debe decidir en el grupo de la misma manera en que él decidiría si fuese el único responsable.

Decisiones en la vida cotidiana

Cada hombre y cada mujer tienen que tomar continuamente decisiones en la vida cotidiana. Al padre y a la madre, por ejemplo, los hijos les preguntan si pueden hacer esto o aquello. El hijo pregunta si puede ir a la noche a la discoteca. La hija pregunta si puede pasar la noche con una amiga. Los hijos esperan una decisión rápida. Si los padres quieren discutir esas preguntas en una gran reunión familiar, los hijos tomarán por sí mismos la decisión y no preguntarán más. Aquí ayudan la claridad interior y acuerdos claros que se han celebrado en forma conjunta, para tomar decisiones buenas y rápidas en un caso concreto.

Pero la decisión comienza ya al levantarse. Cuando suena el despertador, me puedo levantar inmediatamente o quedarme acostado más tiempo. Se necesita un empujón interior para levantarse rápidamente. En el caso de la ropa, debo decidir lo que me pongo. Para nosotros, los monjes, esto no es un problema, porque llevamos siempre el mismo hábito. Pero conozco, sobre todo, mujeres que necesitan tiempo para decidir lo que se ponen hoy. Consumen mucha energía para decidirse por este o aquel vestido. Toman en cuenta lo que sus compañeras y sus compañeros de trabajo dirían sobre su pantalón.

Después tenemos el desayuno. Muchos comen siempre lo mismo, sin reflexionar mucho. Otros consideran lo que comen hoy, si quieren beber té o café. En este caso, se observa que los rituales, o también las buenas costumbres, ahorran energías. Cuando se ritualiza el desayuno, y siempre como lo mismo, no necesito decidir. El día transcurre sin problemas, y yo me siento absolutamente bien con este comienzo.

En la casa, hay que tomar decisiones continuamente. La madre considera lo que cocina hoy y lo que todavía debe comprar. Y considera qué trabajos termina primero, si hace antes la limpieza o las compras. Sabe todo lo que le espera hoy, y debe decidir rápidamente en qué orden podría realizar todo.

Nuestra vida cotidiana está siempre marcada por un ida y vuelta de costumbre y decisión. Cuando la vida cotidiana sólo se nutre de la costumbre, se vacía poco a poco, y cuando sólo se compone de decisiones, resulta penosa. Siempre son necesarias ambas cosas: los procesos habituales que ahorran energía y las decisiones que tengo que tomar continuamente.

También hay personas a quienes se les hace difícil convivir con las pequeñas decisiones del día a día. Para estas decisiones, consumen demasiada energía. Por ejemplo, cuando hacen una visita a un conocido, piensan durante un largo tiempo lo que deben ponerse y lo que deben llevar como regalo. Muchas veces, estas consideraciones nos paralizan. No confiamos en nuestro sentimiento, sino que consideramos lo que el otro podría pensar si tenemos este o aquel vestido y cuando traemos este regalo.

¿Pensará que el regalo es muy pequeño o que somos muy avaros? ¿O pensará que podríamos tratar de sobornarlo o tenderle una trampa con el regalo? Todas estas consideraciones consumen mucha energía. Cuando hacemos una breve pausa y confiamos en nuestro sentimiento, sin hacer grandes consideraciones respecto de lo que el otro podría pensar, eso nos hace gastar menos fuerzas. Y normalmente también decidimos correctamente. Es nuestra propia decisión, y no una decisión en la que el otro —por ejemplo, aquel a quien que visitamos— debería influir tanto.

Con frecuencia, se nos invita a una merienda con amigos o a ir juntos a un concierto. También hay personas que se sienten estresadas cuando deben tomar decisiones al respecto. Tienen que desgarrarse entre el placer y las reflexiones interiores. Algunos se desorientan totalmente con los pensamientos que surgen en su cabeza: No sé lo que debo decir allí, no sé lo que me espera, cómo me tratarán los amigos, qué otras personas habrá, o si encajo con ellas…; y así consumo mucha energía, para considerar una y otra vez si debo aceptar la invitación o no.

Otros querrían visitar a alguien, pero en ese caso se presentan las dudas sobre si eso será bien tomado por el otro.

Quizás él no tiene tiempo. Quizás no es bueno para él. Quizás él no querrá hablar sobre sus problemas conmigo…

Una mujer me escribió y me contó que ella vendría a una conferencia mía. Cuando pronuncié una conferencia cerca de donde ella vivía, no vino. Estaba desgarrada. Por un lado, quería escuchar la conferencia y hablarme después. Por otro lado, le surgieron continuamente inquietudes. Estaba el temor de que ella no soportara la iglesia llena. Luego, le llegó la duda de si podría encontrarse conmigo, porque quizás yo tendría una mala impresión de ella. Quizás no sabría qué decirme, se presentaría torpemente, etc. Perdió mucho tiempo con esas consideraciones. Y al final decidió, entonces, no ir a la conferencia. Pero ésta no fue una decisión libre. Luego, se reprochó nuevamente que había desaprovechado la oportunidad.

Justamente, las personas que tienen poca autoestima hacen un drama de tales decisiones de poca importancia; drama que ella agitó interiormente y la ocupó días enteros. En estos casos, sería mejor sentarse brevemente y considerar si ahora voy o no a la conferencia. Y, si he decidido algo conforme con mi sentimiento más íntimo, entonces me mantengo en esta decisión y no la cuestiono más. Y luego avanzo simplemente, sin considerar más todo lo que podría suceder. O, si he decidido no ir a la conferencia, entonces dejo de hacerme reproches por eso.

Algunas personas no pueden relativizar estas decisiones pequeñas. Si bien objetivamente éstas no tienen gran importancia, hacen de ellas un drama que las ocupa días enteros y les quitan mucha energía.

Otros sienten que deberían ir al médico, pero luego no pueden decidir cuándo les conviene hacerlo. O piensan que deberían esperar demasiado para una cita, por eso demoran la decisión.

Nuestra vida cotidiana exige de nosotros muchas decisiones. Un buen manejo de estas decisiones nos ahorra energías. A la inversa, podemos hacer innecesariamente difícil la vida si cada pequeña decisión la convertimos en un problema gigantesco que nos hace gastar muchas fuerzas, y a algunos incluso les quita el sueño.

En las decisiones difíciles, se juegan muchas cosas: el temor, la reacción de los otros. Pero, con frecuencia, es la propia inseguridad: muchos no saben lo que quieren y, cuando deben tomar una decisión que realmente no es una gran cosa, entonces se enfrentan con su propia confusión interior. Por eso surgen preguntas fundamentales: ¿Qué quiero hacer con mi vida? ¿Cómo debo vivir? ¿Qué es lo que me hace bien? ¿Cuál es el sentido de mi vida?

Cuando las personas me cuentan los problemas que padecen con las pequeñas decisiones cotidianas, les aconsejo lo siguiente: Escúchate un poco. ¿Tienes el placer de ir a la conferencia, de visitar al conocido, de aceptar la invitación al concierto? Cuando te gusta, cuando tienes el sentimiento que te seduce, entonces hazlo, decídete a ello. Y luego no cuestiones más la decisión.

Cuando comiences a meditar lo que los demás podrían pensar o que podría ocurrir todo lo que te desconcierta, entonces desautoriza estas consideraciones. No te aportan nada: estás siempre girando en círculos y nada más. Cuando has decidido no aceptar la invitación porque el temor es demasiado grande, entonces permanece también en esto y no te hagas reproches de que eres demasiado débil. Ahora has decidido así, entonces mantén tu decisión.

Cuando, a pesar de ello, se abren camino los reproches, entonces esto debe ser para ti una ocasión para seguir, la próxima vez, el impulso interior, y no tus miedos y tus dudas. Entonces, habrás reconocido que tus temores y tus dudas te separan de las cosas que te harían realmente bien.

No debes hacerte reproches cuando te resulta difícil decidirte. Reconcíliate con tus debilidades para decidir. Pero, justamente porque conoces tus debilidades, la próxima vez no debes meditar tanto de qué modo debes decidir. Escúchate y confía en el primer sentimiento que surja en ti. Luego decide, ponte firme y deja de seguir reflexionando sobre ello.

A los pensamientos que ponen en duda tu decisión, debes impartirles la prohibición: No dejo entrar estos pensamientos en la casa de mi alma; deben permanecer afuera.

Debo prohibir poner en duda. Entonces, dejo de reflexionar si la decisión es correcta o errónea.

Si te decides por ir o no ir a la conferencia, no significa que sea correcto o erróneo. Sólo se trata de que te atengas a la decisión que has tomado. Entonces siempre es bueno; entonces harás experiencias de ello. Incluso cuando las experiencias que vives te pongan en peligro, no dejan de ser buenas. Tú has hecho bien en tomar esta decisión.

Decisión
por la vida

Kay Pollak, el director de la galardonada película *Wie im Himmel*, ha escrito un libro titulado *Für die Freude entscheiden*. Aunque no estoy familiarizado con todas sus ideas, sé que habla de aspectos importantes de nuestra vida. Respecto de ello, escribe que las ideas sobre nuestro estado de ánimo también influyen en nuestro cuerpo. Cuando nos ocupamos de cosas tristes, esto se expresa también en nuestro cuerpo.

No podemos impedir los pensamientos que vienen a nosotros. Esto lo sabían ya los primeros monjes. Pero es nuestra decisión si a nuestros pensamientos negativos les concedemos o no mucho espacio. No se trata de desplazar los sentimientos negativos, pues entonces se desarrollaría una presión para hacer, como si tuviésemos que sentirnos siempre bien.

Tristeza y temor, ira y duda nos pertenecen, no podemos desplazarlos. Pero sigue siendo nuestra decisión si nos dejamos limitar por ideas y sentimientos negativos. Podemos "decidir ocuparnos con ideas que tienen una influencia positiva sobre nosotros. Incluso estamos en posición de decidirnos conscientemente por ideas y representaciones que contrarrestan las imágenes negativas en nuestro interior" (POLLAK, 22).

Los antiguos monjes dicen: No somos responsables de las ideas que surgen en nosotros, simplemente vienen, queramos o no. Pero sí somos responsables de la forma en que tratamos con las ideas. Podemos rechazarlas, pero enseguida volverán a surgir en nosotros. Un camino mejor es contemplar las ideas, tolerarlas, pero también distanciarse conscientemente de ellas.

Tolero la ira respecto de mi empleado, pero no le doy poder. Me decido, por eso, a dejarlo ir ahora y no pensar más en ese empleado. No quiero estar constantemente pensando en él y que eso determine mis sentimientos. Éste es el primer camino para liberarme de los sentimientos negativos.

El segundo camino consiste en intentar pensar otra cosa sobre el empleado. Cuando lo observo con los lentes de la ira, sólo descubro en él cosas negativas. Pero es mi decisión ponerme, por una vez, otros lentes, con los cuales puedo descubrir en este empleado otros rasgos. Reconoceré que él no puede lidiar consigo mismo, pero que, sin embargo, anhela ser aceptado y amado por los demás. Cuando lo considero así, entonces lo experimentaré de otra manera.

Está, entonces, en nosotros determinar por cuál modo de ver nos decidimos. Tampoco creamos solamente que podríamos decidir de manera discrecional. Siempre debemos considerar también la realidad, y no podemos deformarla.

Y, ante todo, deberíamos despedirnos de la presión para hacer, según la cual deberíamos sentirnos siempre bien.

Cuando Pollak afirma "me creo a mí mismo a través de mis pensamientos", yo no puedo aceptarlo, pues entonces me podría crear discrecionalmente, en la forma en que yo me pienso. Los pensamientos deben orientarse siempre en la realidad. Hasta cierto punto, depende de nosotros cómo nos vemos y por cuál modo de ver nos decidimos. Pero no podemos manipular arbitrariamente el modo de ver, ya que, de lo contrario, maniobraríamos en un mundo aparente.

Pollak habla de lo que nosotros podemos decidir para alcanzar la felicidad: "A través de mi libre decisión, puedo influenciar significativamente mis posibilidades de experimentar interiormente la paz, la alegría y la felicidad" (POLLAK, 37). Para mí, es claro que influenciamos significativamente nuestros sentimientos por medio del modo y la manera como pensamos sobre nosotros, sobre nuestra vida, y por cómo pensamos sobre los demás. Está en nosotros si nos decidimos por un modo de ver positivo o negativo.

Pero, al mismo tiempo, es importante que no desechemos prematuramente los sentimientos negativos, pues éstos expresan una experiencia importante, ya que afirman algo sobre nosotros. Debemos observar los sentimientos negativos y no echarlos a la calle por medio de una decisión.

Así que no se los puede despedir fácilmente. Sólo puedo soltarlos cuando me he familiarizado con ellos, cuando investigo mis necesidades más profundas que se expresan en estos sentimientos. Sólo cuando me ocupo de todo lo que surge en mí, sin evaluarlo, puedo liberar los pensamientos y los sentimientos negativos. Ésta es, entonces, una decisión por la vida y por la alegría.

Algunos creen que no se puede producir la alegría. Yo no puedo alegrarme por una orden: esto es cierto. Pero está en mí decidir con qué lentes transito por la vida. Cuando me abro a la belleza de la naturaleza, a la belleza de la música, a la belleza de una persona, entonces se origina alegría en mí. También me puedo establecer en mi disgusto, con lo cual todo me resulta insoportable; pero esto no significa que todo es insoportable. Sólo lo siento así, porque me he decidido por esta visión negativa.

En gran parte, está en nosotros si nos decidimos a favor o en contra de la vida y de la alegría. Pero, en todos estos pensamientos, deberíamos seguir siendo realistas porque, de lo contrario, produciríamos en el otro una actitud expectante que jamás se cumplirá. Conozco personas que pensaban que debían reflexionar sólo en forma positiva, con lo cual todo se ordenaría; pero con esa actitud han fracasado miserablemente. Con su pensamiento positivo, no querían percibir la realidad.

También hay una fuga en los pensamientos positivos. Siempre debemos ver ambos polos: la realidad tal como es y la realidad tal como la vemos. Debemos tomar en consideración ambas. Cómo experimentamos la realidad depende en gran parte de nuestro modo de ver. Pero tampoco podemos modificar arbitrariamente la realidad por medio de nuestro modo de ver.

Debemos enfrentar la realidad. En caso contrario, diseñamos un edificio intelectual que no tiene nada que ver con la realidad. Esto lleva, en algún momento, a la pérdida de la realidad. Finalmente, despertamos llenos de dolores y reconocemos que nos hemos engañado. Hasta ahora, no queríamos enfrentar la realidad. Hemos visto todo a través de lentes de color rosa, y así finalmente hemos errado el blanco.

Un empresario me decía que él sólo necesitaba inculcarse profundamente la voluntad de ganar en el inconsciente, y luego podía obtener todo lo que se había propuesto. Pero, al mismo tiempo, me contaba que estaba en la insolvencia, porque se había metido en un proyecto que había sido demasiado grande para él.

Yo le dije que debía alejarse de estas ideas abstrusas. En vez de convencerse de que él ganaría siempre, debía observar en forma realista la situación y decidir entonces los otros caminos, que también están en su mente. Él creía que había tenido fracasos porque no se había grabado bastante profundamente en el inconsciente la voluntad de vencer. Él mismo era culpable, entonces, porque no había dominado correctamente el método del pensamiento positivo. Pero, con ello, se negaba a aceptar la responsabilidad por su decisión. Cedió la decisión a un método, en vez de decidir como persona.

Una maestra va todos los días a la escuela presionada interiormente. No se siente aceptada por sus colegas ni por el rector. La lastima el modo en el que el rector la trata. Por eso, gasta mucha energía al ir a la escuela y tratar de buena manera a los alumnos. El sentimiento de estar sola la hace crear. Aquí encontramos, en forma absoluta, a la maestra y su decisión sobre cómo quiere ir a la escuela.

San Benito exige del mayordomo que siempre preste atención a su alma. Así, esta maestra debería prestar atención también al modo de ver y a los sentimientos con los que va a la escuela. Ella no puede transformar la situación, pero puede ir a la escuela con otra disposición interior.

Un camino sería que yo me imaginara que voy a la escuela y que estoy totalmente en paz conmigo mismo. No le doy al otro ningún poder, no me dejo determinar por los otros. Me encuentro amigablemente con ellos, pero no me hago dependiente de la forma en que ellos reaccionan a mi saludo. Si no me devuelven el saludo, lo dejo con ellos. Pero no me dejo determinar por eso.

Otra posibilidad sería que, antes de ir a la escuela, yo bendijera a los alumnos y a los colegas. Levanto mis manos en gesto de bendición y me imagino cómo la bendición de Dios fluye, a través de mis manos, hacia los alumnos y los colegas. Luego, reacciono activamente a la situación en la escuela. En la bendición, dejo que fluya una energía positiva hacia la escuela; después ingresaré de otro modo: no voy hacia los colegas que me rechazan, sino hacia los colegas bendecidos. Los observaré de otro modo y los sentiré diferentes.

Se necesitan una decisión y, al mismo tiempo, un camino de ejercitación para que yo pueda ir a la escuela de esta manera. Pero no nos entregamos simplemente a los condicionamientos externos. Podemos decidir tomar esos condicionamientos como un desafío en el que crecemos, en vez de dejarnos abatir por la atmósfera.

En mis conversaciones, escucho constantemente a personas que se quejan de la vida que llevan, pues todo es difícil para ellas. Se sienten solas, no son apreciadas por los otros, no tienen éxito en su profesión, no disfrutan el trabajo tanto como sus colegas. Su matrimonio no es tampoco como habían esperado.

En estos casos, no puedo decirles simplemente a estas personas: Decídete a favor de la vida. Pero, si me identifico con estas personas, entonces descubro frecuentemente que ellas tienen imágenes totalmente determinadas de la vida. Y se sienten mal porque estas imágenes no están realizadas: no son tan atractivas como ellas querrían que fueran; no son tan exitosas como habían soñado.

No puedo decidir simplemente ser exitoso o atractivo. Pero también en una situación así puedo decidir a favor de la vida. Decido aceptarme en mi mediocridad, aceptarme con mis resultados modestos y alegrarme cuando consiga algo.

Debo tomar distancia de las ilusiones que me hecho de la vida. Y después, preguntarme: ¿No puedo considerar mi vida de otra manera? ¿No puedo agradecer mi vida por lo que Dios me ha dado, por las personas con las que puedo hablar y apoyarme?

No puedo decir simplemente que desde hoy veo todo positivamente, y entonces arreglar muchas cosas. Pero puedo intentar ver mi vida de otra manera. La fe, en definitiva, es también un modo de ver mi vida. La fe me puede ayudar, en medio de mi situación, que es dolorosa —quizás porque estoy enfermo, porque financieramente no me ha ido bien, porque debo enfrentar muchos problemas—, a preguntar: ¿Qué quiere decirme Dios de este modo? ¿Mi situación no es también un desafío para ir a otro plano, al plano espiritual en el que me siento unido a Dios en todo? ¿El caos externo no es una invitación a internarme en el espacio interior, en el que estoy en armonía conmigo mismo, en el que estoy a salvo porque Dios habita en mí?

No podemos escoger las situaciones externas. Mediante el pensamiento positivo, no podemos producir resultados y salud externos. Pero podemos cuestionar nuestra actitud. En vez de pensar positivamente, deberíamos encontrar un camino en la fe, para ver nuestra situación bajo otra luz. Cuando la vemos con otros ojos, también podemos lidiar con ella de otra manera. Y entonces podemos encontrar libertad interior y paz interior, aun en medio de circunstancias penosas.

Karl Rahner aclara teológicamente la tensión entre lo que nos está dado y nuestra decisión libre, con la comprensión cristiana del hombre. El ser humano es siempre, a la vez, naturaleza y persona. Naturaleza significa lo que no está dado a su libre decisión: su cuerpo, su modelo de vida, su educación, su medio ambiente. Persona significa que el ser humano puede disponer libremente sobre sí, que él puede disponer y decidir de alguna manera respecto de lo que le está dado.

Cuando tomamos una decisión, debemos tener siempre a la vista esta tensión entre naturaleza y persona. Mediante nuestra decisión, no podemos producir libremente la realidad, pero podemos formar y configurar lo que nos es dado. No somos responsables por la realidad que nos toca vivir, sino por lo que hacemos de ella, cómo nos situamos frente a ella y cómo la configuramos.

No somos víctimas que deben soportar lo existente. Somos personas libres que configuran lo existente, y somos libres para poder alcanzar una actitud absolutamente decidida respecto de la realidad que nos es dada. Con nuestra actitud, experimentaremos la realidad de otra manera: no como su víctima, sino como personas libres que reaccionan activamente sobre ella. El formar y configurar, y la actitud hacia lo que nos es dado, están en nuestras manos. En esto radica nuestra decisión.

Los Salmos nos muestran cómo se ve concretamente una decisión a favor de la vida a partir de la fe. Los Salmos nos describen la situación en la que vivimos, pero no se quedan fijos en la descripción, sino que intentan ver de otro modo la situación a partir de la fe. Así, abordamos de una manera diferente la situación.

En el Salmo 138 se dice: "Si camino entre peligros, me conservas la vida, extiendes tu mano contra el furor de mi enemigo, y tu derecha me salva" (Sal 138, 7). El que reza experimenta su vida como tribulación. El furor del enemigo lo rodea. Esto no hay que negarlo o diluirlo a través de un pensamiento positivo.

Pero, en esta tribulación, puedo decidir por la fe que Dios me sostiene en la vida, que extiende su mano hacia mí, que en medio de mi situación miserable estoy en las manos de Dios. De este modo, decido no quejarme de mi tribulación, pero tampoco observarla con anteojos color de rosa. Más bien, me presento ante ella desde la fe, y es claro para mí que, en medio de la tribulación, estoy sostenido por las buenas manos de Dios.

Muchos dicen: Esto suena bello, pero yo no lo experimento. Es también una decisión probar este modo de ver alguna vez, pues no importa si experimento a Dios o no. Creer significa también decidir que es así, o expresado de otra manera: Obra así, como si fuera cierto. Y, en tanto me decido por esta hipótesis, haré otra experiencia con mi tribulación.

Decisiones comunes

Tomar una decisión es algo absolutamente personal. Pero también hay decisiones que tomamos en común. En la familia se debe decidir en conjunto: cómo se quiere celebrar la Navidad, cómo se van a pasar las vacaciones o cómo se reparten las responsabilidades individuales dentro de ella.

En una comunidad monástica, hay decisiones comunes. En ella están los cuerpos del consejo de ancianos, que decide muchas cuestiones de la vida monástica. Y está la asamblea conventual, que se celebra para las decisiones importantes. En cada empresa, se deben tomar decisiones. También aquí los puntos decisivos están puestos siempre en un cuerpo. El equipo debate los problemas y luego decide en común. La cuestión es cómo se llevan a cabo decisiones comunes y cómo llegamos a buenas decisiones.

En la tradición espiritual, el modelo para las decisiones comunes es el proceso de toma de decisiones que atravesó la pequeña comunidad de san Ignacio de Loyola. Los compañeros están "frente a la cuestión de si ellos quieren dar a su grupo una consistencia permanente y someterse a una Orden o Regla, porque en caso contrario el grupo se desmoronaría y dispersaría. En esta situación ellos concluyeron en tomarse un tiempo de tres meses, para deliberar sobre su camino común… y rezar" (WALDMÜLLER, 13). Estaban frente a la decisión de si querían fundar una Orden o simplemente trabajar juntos sin ataduras.

Hoy es difícil que un grupo se tome tres meses para tomar decisiones importantes; todo va muy rápido. Pero los primeros compañeros de san Ignacio de Loyola pueden ser un modelo en el modo y la forma en que toman decisiones. Ellos se reúnen cada tarde, y cada uno cuenta lo que le ha ocurrido a lo largo del día, a favor y en contra. Los otros escuchan. No hay discusión sobre los pros y los contras, sino que cada uno simplemente escucha lo que dice el otro. Luego, hay un intercambio de ideas. Cada uno debe decir, sobre la base de lo escuchado, cuál es la mejor opción según su visión. Así, ellos llegan lentamente a una decisión unánime sobre su futuro.

Hoy no hay, por lo general, mucho tiempo para poder tomar una decisión. Y el ideal de decidir en forma unánime no puede reivindicarlo para sí una comunidad o una empresa. Pese a ello, podemos aprender de estos compañeros que las decisiones importantes no deben ser "impulsadas" con violencia, ni bajo la presión del tiempo, pues entonces no surge una coexistencia real. Se muestra ciertamente una decisión, pero para los individuos no siempre es una bendición, pues en el proceso muchos se sienten ignorados y no tomados lo suficientemente en serio.

Precisamente, en la primera fase del proceso de decisión, es importante que, en una familia, en un grupo o en una empresa, cada uno tome la palabra y que no argumentemos inmediatamente en contra. Es necesario el arte de escuchar bien, y permitir que se cuestione la propia opinión. Lo que dice el otro debe ser cotejado con los propios sentimientos y argumentos. Y, por una vez, se debe dejar sin modificación la opinión del otro.

También es bueno el ejercicio que practicaron los compañeros de san Ignacio: que por una vez se entregue la decisión al sueño. En el sueño, nos sumergimos en los estratos profundos de nuestra alma. De esta profundidad, resulta con frecuencia muy claro lo que es realmente bueno para nosotros. Allí no se trata sólo de argumentos racionales, sino de las imágenes internas del alma. El alma sabe, en general, mejor que el entendimiento lo que es bueno para el grupo.

Ya antes de san Ignacio de Loyola, san Benito de Nursia había tratado, en su Regla, el problema de las decisiones comunes. Pero en la Regla se trata menos la decisión del grupo que la decisión del abad; sin embargo, el abad debe dejarse aconsejar por los hermanos.

San Benito escribe: "Siempre que en el monasterio haya que tratar asuntos de importancia, convoque el abad a toda la comunidad y exponga él mismo de qué se ha de tratar. Oiga el consejo de los hermanos, reflexione consigo mismo y haga lo que juzgue más útil. Hemos dicho que todos sean llamados a consejo porque muchas veces el Señor revela al más joven lo que es mejor" (Regla 3, 1-3).

San Benito asume que cada hermano tiene algo para aportar, justamente también los más jóvenes. Esto fue revolucionario en una época en la que, ante todo, se adjudicaba sabiduría al anciano.

No se trata de la estimación de la persona, sino que Cristo puede hablar a través de cada hombre; también a través del joven, también a través del inexperto. Esto requiere una cultura diferente del "hablar-conjuntamente", como hemos acostumbrado en nuestras reuniones. En vez de deliberar cómo puedo refutar la opinión del otro, justamente debo escuchar lo que Cristo mismo podría decirme a través del otro. Quizás su opinión va en una dirección diferente. Pero, precisamente a través de la voz que a primera vista aparece enajenada, Cristo mismo puede decir algo a la comunidad y liberarla de su retraimiento prejuicioso.

En san Benito, es siempre el abad el que decide. San Benito no conoce decisiones de la mayoría. Pero el abad tiene la tarea de escuchar a sus hermanos, pues Cristo mismo habla a través de los hermanos. El abad escucha la voz de Cristo no sólo en su propio corazón, sino también al escuchar públicamente a los hermanos. Esto requiere humildad y disponibilidad para escuchar realmente la voz de Dios y no imponer su propia opinión.

No se trata de cuál modelo seguimos: el benedictino —que, de todos modos, no sigue hoy justamente la redacción de la Regla, sino que conoce votaciones en las que el abad tiene que apoyarse— o el ignaciano. Lo decisivo es que desarrollemos una cultura del "hablar-conjuntamente" y del "decidir-conjuntamente", que sea apropiada para el grupo.

En general, se necesita también, en un grupo, un responsable que tenga la manija en la mano. Debe poseer buen sentido para reconocer, luego de una fase de escucha e intercambio, el momento correcto para poder promover una decisión. Cuando él siente que todos los argumentos han sido intercambiados, y que hay opiniones del todo diferentes, pero también una dirección común, entonces puede plantear al grupo el interrogante: ¿Están ustedes dispuestos a decidir? ¿O todavía se necesitan discusiones o aclaraciones? Cuando el grupo está de acuerdo en que quiere decidir ahora, entonces él tiene que ocuparse de que la pregunta para decidir sea formulada claramente y que luego se tome una decisión.

Aquí es importante que él no evalúe las decisiones de los individuos. Cuando la mayoría vota de una manera, entonces él asume esto como la decisión común y desiste de evaluar las voces diferentes. Cada uno tiene la libertad de decidir cómo él querría; y cada uno es respetado en su opinión. Nadie puede ser forzado a una decisión. Y no puedo atribuir mala conciencia a los que han votado en contra. Han decidido según su conciencia, y es bueno que así sea. Su voto negativo es tan importante como la aprobación de los otros. Sólo así se puede llevar a cabo la decisión común.

El responsable tiene que ocuparse de que esta decisión sea compartida, entonces, por la empresa o el grupo. Y su tarea es subir al barco también a los miembros que hayan votado en forma distinta, para que ellos compartan la decisión.

Es importante que el grupo sepa con claridad si tiene autoridad para tomar decisiones o sólo tiene autoridad para aconsejar; pues, cuando un grupo se esfuerza honestamente para encontrar una solución, se frustra si esta solución no se consigue, si los tomadores de decisiones simplemente incumplen esta solución.

Pero, si el grupo sabe que los resultados de sus reuniones sólo son propuestas que la junta directiva toma en cuenta, pero que no debe seguirlas necesariamente, entonces surge de antemano otro clima en él. Naturalmente, quien decide hace bien en no incumplir a la ligera las propuestas de un grupo. De lo contrario, se va a pique la motivación para buscar seriamente soluciones. La claridad sobre la autoridad de cada grupo y de cada individuo sirve para una buena toma de decisiones.

A veces, se tiene la impresión de que, en política, los órganos consultivos son solamente una hoja de higuera sostenida frente a la propia desnudez, la que se adorna con el hecho de tener un consejo de expertos económicos o una comisión de ética. Lo que los expertos económicos proponen anualmente, aconsejando, corresponde a esto; pero sólo se elogia lo que corrobora la propia política: lo otro es ignorado.

En vez de debatir realmente con el consejo, se burlan de él. Así se ha establecido. Él puede trabajar pero, cuando el trabajo no le viene bien a alguien, entonces se toman las decisiones que corresponden a las propias líneas políticas. Esto no es un comportamiento maduro de toma de decisiones.

Desgraciadamente, los políticos nos dan aquí un mal ejemplo, y constituye una escuela simple. También las empresas tienen sus comisiones de asesoramiento; pero, con frecuencia, el trabajo es en vano, porque no se permite aconsejar realmente, sino sólo elegir lo que corresponde a la propia opinión. Así no se pueden tomar decisiones prudentes e innovadoras.

Decisión
de conciencia

Un tema que ha sido discutido constantemente por los teólogos morales es el de la decisión de conciencia.

En una decisión, ¿debo orientarme según las normas de la ley o la doctrina eclesial, o según mi propia conciencia? En la Biblia, el concepto de *"syneidesis"*, conciencia, se encuentra por primera vez en las cartas paulinas y en las cartas pastorales. En ellas se plantea el tema de tener una buena conciencia, y también el de no lastimar la conciencia del otro.

Justamente, las cartas pastorales toman el concepto de la filosofía estoica, que habla de la conciencia como la norma interior del ser humano. La Biblia cristianizó este concepto filosófico, en tanto relacionó la conciencia con el corazón. El ser humano debe tener una conciencia buena, una conciencia pura. En toda su manera de vivir, debe adecuarse a su esencia más profunda.

El dominico medieval santo Tomás de Aquino, Doctor de la Iglesia, unió la doctrina de la conciencia con la nueva comprensión del ser humano como persona. Según santo Tomás, no es lo universal lo supremo, tal como lo había enseñado la filosofía griega, sino la persona, el individuo. Esto tiene consecuencias sobre la doctrina de la conciencia.

La instancia suprema para la persona ya no es la norma universal, sino la conciencia. Santo Tomás define la conciencia como "la aplicación del saber en una acción concreta" (citado en Heinzmann, 49). El saber no es, para santo Tomás, sólo el externo "tomar-para-el-conocimiento, sino la captación precisa y la percepción interna de lo ofrecido".

De ello se deduce, para santo Tomás, que "la voluntad debe seguir a la percepción, incluso a riesgo de que ésta se encuentre en un error insuperable. No hay alternativa cuando debe ser preservada la dignidad de la persona cristiana" (Heinzmann, 50). De todos modos, el hombre debe esforzarse con todas sus fuerzas para reconocer la ley que Dios ha insertado en la naturaleza.

El hombre es responsable de su saber. Pero, pese a ello, es cierto que no hay una instancia "que quisiera y pudiera obligar al hombre, ni siquiera Dios, a obrar contra sus convicciones" (Heinzmann, 59).

Muchos hombres se preguntan: ¿Puedo decidir contra un mandamiento de la Iglesia cuando mi conciencia me dice otra cosa? Un ejemplo: la doctrina eclesial dice que quien está divorciado y se ha casado nuevamente no puede ir a comulgar. Si mi conciencia me dice que Jesús también me invita a ir a comulgar, para fortalecerme en mi camino y para llenarme con su amor, ¿puedo ir a comulgar o no?

Según la enseñanza de santo Tomás de Aquino, enseñanza que la Iglesia ha asumido para sí como vinculante, la respuesta es terminante: Sí, si mi conciencia es pura, pues ésta es para mí la norma, y no el mandamiento eclesial.

En este sentido han argumentado también los obispos de la Renania Karl Lehmann, Walter Kasper y Oskar Saier en su carta pastoral de 1993, y han invitado a las parejas que se hayan vuelto a casar a seguir su conciencia e ir a comulgar. El sacerdote que distribuye la comunión no puede negársela a estos creyentes que siguen su conciencia; debe respetar su decisión de conciencia.

Pero la pregunta por la conciencia no nos motiva sólo en los temas típicamente eclesiales. La conciencia tiene una importancia fundamental. Por un lado, debo formar mi conciencia y tomar en consideración las normas que la ley natural me ofrece, y que me prescriben el Estado y la Iglesia. Por otro lado, puedo confiar con toda mi conciencia, pero no puedo confundir la conciencia con mi opinión o mi placer. No puedo declarar rápidamente como decisión de conciencia esa decisión que tomo por capricho o por una necesidad personal. Y cada convicción personal no puede "reclamar ser válida como afirmación de la conciencia" (Gründel, 100).

Algunos se remiten rápidamente a su conciencia y no están dispuestos a respetar las normas establecidas. Según santo Tomás de Aquino, hay que aplicar una decisión de conciencia sólo cuando la persona ha alcanzado su profundidad interior.

Cada político tiene que tomar esta decisión de conciencia cuando vota en el Parlamento. Todo economista enfrenta siempre la cuestión de si puede compatibilizar sus decisiones con su conciencia. Y nosotros mismos, en nuestro comportamiento concreto, confrontamos reiteradamente, respecto de otros hombres o de la Creación, con decisiones de conciencia.

Un gran defensor de la libertad de conciencia fue el cardenal Henry Newman, un clérigo y teólogo anglicano quien, por razones de conciencia, decidió pasar a pertenecer a la Iglesia católica. Fue atacado por su propia gente, pero también fue considerado bastante sospechoso por las autoridades romanas. Es famoso un brindis que hizo por la religión y el Papa, "pero ante todo por la conciencia, y sólo después por el Papa" (citado en Wiedmann, 82). Para muchos teólogos católicos, ésta fue una afrenta hacia el Papa. Pero Karl Rahner defiende este brindis del cardenal Newman, al considerarlo originariamente católico: "Jamás se puede abandonar y entregar la conciencia a otro".

En la conciencia, percibo mi responsabilidad frente a Dios. En mi conciencia, respondo al llamado que escucho de Dios. En la responsabilidad personal frente a Dios, el hombre no puede "dejarse reemplazar por nadie, tampoco por una autoridad jerárquica. Incluso tengo que responder a quien obedezco" (Gründel, 103).

Se trata entonces de escuchar, en todas las decisiones, a la conciencia: la voz interior con la que Dios mismo nos habla. Debemos confiar en el consejero interior que Dios nos ha dado. A este consejero interior la Tradición lo llama conciencia. Aquí ella distingue entre organización de la conciencia *("synteresis")* y determinación de la conciencia *("conscientia")*.

La palabra griega "synteresis" hace mención a observar en forma conjunta los diferentes aspectos de una decisión. Esta disposición de conciencia está presente en cada ser humano. A esto hace mención, en definitiva, también la palabra "conscientia", la cual significa "saber-con", "saber-conjuntamente".

En nosotros, hay una instancia que ve conjuntamente todo lo que debemos considerar en una decisión. La conciencia nos conduce a la instancia interior desde la cual debemos tomar cada decisión. En la conciencia, conocemos la verdad interior a la que debemos respetar en cada decisión. Pero en la conciencia también conocemos siempre a las otras personas a las que afectamos con nuestra decisión.

La conciencia nos preserva de tomar decisiones que dañan a los otros. En la conciencia, estamos siempre unidos con la persona por la cual asumimos responsabilidad en nuestro obrar. Y estamos unidos a Dios, frente a quien tenemos que mostrar una responsabilidad por nuestras decisiones.

En mis conversaciones, encuentro a menudo personas que tienen una conciencia escrupulosa; es decir, personas que están permanentemente perturbadas por remordimientos. La palabra "escrúpulo" viene del término latino "scrupulus" y significa "piedra afilada y cortante". Los escrúpulos son como piedras cortantes, que en el interior de la persona originan un sentimiento urticante y una duda atormentadora. La conciencia escrupulosa ve culpa en todas las cosas y atormenta al ser humano con sentimientos permanentes de culpa: todo lo que él hace es pecado.

La conciencia escrupulosa remite a una estructura neurótica. Frecuentemente, es la expresión de experiencias emocionales abrumadoras que no se han procesado. Y, a menudo, remite a una culpa profunda: la culpa de vivir separado de la propia verdad. Puesto que no se atreve a preguntar respecto de esta culpa por la vida no vivida, se busca culpa en las pequeñas acciones y pensamientos, sobre los que se da vueltas permanentemente. Este permanente girar sobre la propia culpa desplaza el sentimiento profundo que yo vivo verdaderamente en mí: que mi vida, tal como la vivo, no es auténtica.

No es tan fácil liberar a una persona de su conciencia escrupulosa. Se necesita una mirada honesta sobre las causas verdaderas. Y, con frecuencia, puede ser suficiente sólo una terapia para sacar a la luz estas causas profundas, y así ayudar a la persona a plantearse la propia verdad y aceptarse en su propia fragilidad. Gracias a Dios, son cada vez menos frecuentes los escrupulosos típicos, que ponen nerviosos a tantos confesores.

A ustedes, querido lector y querida lectora, yo podría decirles: Confíen en su conciencia. Es la norma suprema según la cual ustedes deben tomar decisiones. Dios mismo les ha otorgado la conciencia, el sentido interior para lo que es correcto. Si la conciencia de ustedes los hace tener miedo o es escrupulosa, entonces busquen ayuda.

También en ese caso deberían confiar en la conciencia; pero, por cierto, no respecto de los reproches que les hace a ustedes contra sus pensamientos y sus acciones, sino respecto de la verdad que ustedes sostienen. Los obliga a plantearse la propia verdad. Pero agradezcan cuando tienen una clara y sana conciencia que les dice lo que es bueno para ustedes y lo que deberían evitar.

Por eso, les deseo que las numerosas decisiones que ustedes tienen que tomar en virtud de su vida las formulen siempre a partir de esta instancia de la conciencia, y que de las decisiones que tomen provenga una bendición para ustedes mismos y para todas las personas.

Pensamientos para concluir

Debemos decidir diariamente

El tema de la decisión toca muchos ámbitos de nuestra vida. Cuando comencé a reflexionar y a releer sobre él, me di cuenta de cuán importante es para el buen resultado de la vida. Es un tema que afecta a cada individuo. Cada uno decide en definitiva lo que hace de su vida, cómo reacciona ante los desafíos externos, cómo responde a sus sentimientos y sus pensamientos, y qué sentido quiere darle a su vida.

Debemos decidir todos los días. Sí, casi a cada instante corresponde la decisión de lo que debemos hacer ahora: si seguimos leyendo, trabajamos, telefoneamos o queremos hacer otra cosa. Algunos saltan de un lado a otro, sin decidirse conscientemente por una cosa u otra. No se mantienen en sus decisiones. Por eso la inquietud irrumpe en sus vidas.

Junto con las decisiones diarias, está también la cuestión de la decisión vital. ¿Cómo debería vivir el año próximo? ¿Por qué camino me decido? Tomamos decisiones que marcan toda nuestra vida y nos vinculan al futuro. Tales decisiones necesitan ser bien meditadas. Depende de ellas si nuestra vida tiene éxito. Sólo pueden ser tomadas dentro de un gran contexto significativo. Decido para toda la vida sólo si con esta decisión abro un sentido para mi vida.

Cuando he reflexionado sobre el tema "decisión", y he leído los libros y los artículos correspondientes, se me hace claro que no se trata sólo de las decisiones individuales en nuestra vida, sino que el hombre mismo es esencialmente decisión. Él ya está establecido como persona antes de la decisión, para decidir por Dios o contra él, por la vida o contra ella. No hay persona sin decisión. No hay vida sin decisión.

La palabra "decisión" proviene de la palabra del alemán antiguoi *"sceidan"*, emparentada con "leño". El leño que es partido en dos por un hacha es una imagen de algo que también debe ser "separado" en nuestra vida.

La Biblia ha trasladado esta división al origen de la Creación. La Creación consiste en que Dios separó la luz de las tinieblas, el orden del caos, el agua debajo de la bóveda celestial del agua que está arriba de la bóveda celestial (cf. Gn 1, 4-7).

La dignidad suprema del hombre consiste en que él participa en la obra creadora de Dios. A ello pertenece el separar, el decidir. En el decidir, el hombre separa lo formado de lo no-formado, lo consciente de lo inconsciente, la luz de la oscuridad. En el decidir, el ser humano da forma a su propia persona. Es cada vez más persona que se determina a sí misma y ya no está determinada por ningún tipo de necesidades o instintos. La decisión tiene que ver con la libertad del hombre y con su dignidad como persona, que es responsable por sí misma.

Nuestra vida es un proceso continuo de decidir y de separar. Separamos en nosotros lo bueno de lo malo, lo correcto de lo incorrecto, la claro de lo oscuro. Pero, al mismo tiempo, sabemos que no podemos separar en forma completa el bien del mal, lo consciente de lo inconsciente, la luz de la oscuridad. Se corresponden mutuamente. Y, sin embargo, es necesario siempre separar y ensamblar, decidir y obrar unívocamente, para que no perdamos de vista el objetivo de nuestra vida.

El decidir lleva cada vez más a nuestra vida en la dirección que corresponde a nuestra esencia, en la que nuestra imagen originaria y genuina puede resplandecer cada vez más claramente. En el decidir, nos convertimos en cocreadores de Dios. Participamos en su acción de separar en el origen de la Creación. El objetivo de esta Creación es el hombre, al que Dios ha creado a su imagen y semejanza. En nuestras decisiones, esta imagen originaria de Dios debe ser separada cada vez más de las turbiedades que se sitúan sobre ella, a través de las proyecciones que otros nos imponen o de las ilusiones que esbozamos sobre nosotros mismos.

Por eso les deseo, queridos lectores y queridas lectoras, que ustedes se decidan siempre por la vida y tomen decisiones que den a su vida una clara dirección que la lleve a florecer. Y les deseo claridad interior en sus decisiones, y libertad y confianza en su conciencia; confianza a su voz interior.

La confianza los hará capaces de decidir sin gastar muchas energías, sin involucrarse en divagaciones y sin añorar las otras posibilidades, luego de decidir. Así asumirán la responsabilidad por ustedes y por su camino de vida. Con su vida, ustedes dan respuesta al llamado que Dios les dirige, al llamado a una vida auténtica, a una vida que corresponda a su esencia y que se convierta en una bendición para ustedes y para todas las personas.

ORACIONES A LA HORA DE TOMAR DECISIONES

DECIDIRME POR LA VIDA

Contra el vivir al día

Dios bueno y misericordioso,
no estoy satisfecho con mi vida.
Tengo la impresión
de que sólo estoy viviendo al día.
Siento que debo abandonar
la no-vinculación, siento que debo
decidirme por la vida.
Dejo todo abierto. Yo manejo todo.
Dame tu Espíritu Santo,
para que yo decida de nuevo,
cada día, por la vida.
Hoy, en este día,
quisiera decidirme por la vida.
Ya no quiero más vivir al día,
determinado por las circunstancias
y por los otros.
Quisiera vivir yo mismo.
Fortalece mis espaldas, para que me decida
finalmente por la vida.

*Ayúdame, para que tome mi vida
en mis manos y no espere siempre
a que los otros resuelvan los problemas por mí.
Haz que, en cada momento,
yo tome de nuevo la decisión por la vida
y contra la muerte, contra la rutina,
contra la limitación que otros me imponen,
para que mi vida sea bendecida
y yo mismo sea bendición
para los demás.*
Amén.

BENDICE LO QUE TENGO EN MIS MANOS

Contra el ser víctima

Señor Jesucristo,
*con frecuencia me siento como una víctima.
Me quejo porque los otros
no me entienden.
Me lamento de que el jefe me supervisa.
Tengo la impresión de que
toda mi vida depende de la aprobación
o el rechazo de los demás.
Con frecuencia me enojo por ello,
porque siento que me vuelvo dependiente
totalmente de la reacción
de los demás.
Quisiera, en definitiva, vivir yo mismo;
ya no quiero permanecer
en el rol de víctima.
Dame la fuerza y el valor
para abandonar mi rol de víctima
y asumir la responsabilidad
por mi vida.*

A veces, me siento en el rol de víctima,
porque en mi situación crítica
puedo echarle la culpa a los demás.
Pero, al mismo tiempo,
en lo profundo de mi alma,
sé que solamente yo me excluyo
de la plenitud de la vida.
Jesús, tú has ordenado al hombre,
que también se sentía víctima,
"¡Ponte en el centro!".
Fortaléceme también,
para que me atreva a enfrentar la vida,
en vez de ponerme en el rol
de víctima.
Y pronuncia también para mí
la frase que le has dicho al hombre
en su rol de víctima:
"¡Extiende tu mano!".
Sí, quiero extender mis manos en tu fuerza
y tomar mi vida en mis manos.
Bendice todo lo que tomo en mis manos,
para que la obra de ellas lleve
bendición a los hombres.
Amén.

Poder elegir la alegría

Contra las quejas

Jesucristo,
Tú has hablado de tal modo que los hombres
han entrado en contacto con su alegría.
En general, veo siempre sólo lo negativo.
Estoy muy triste.
Esperaba que los demás me dispensaran alegría,
que los demás me amaran de tal modo
que yo pudiera alegrarme por su amor
y por su obsequio.
Pero siento también que así me hago
dependiente de los demás.
Tú me has mostrado un camino
para decidir a favor de la alegría
en medio de la tristeza
y a favor de la risa en medio del llanto.
Hay suficientes cosas por las que yo
podría alegrarme: mi salud, mi cuerpo,
los amigos que están a mi lado,
este día soleado.

Pero frente a la alegría me cierro
Siempre veo suficientes motivos
que me entristecen y hacen que me queje.
Te necesito, Jesús,
necesito que te coloques frente a mí y me digas:
"Elige la vida. Elige la alegría.
La alegría está en ti.
Está en ti que dejes que,
a través de tus palabras,
a través de las experiencias de tu vida cotidiana,
a través de las personas que te aman,
se eleve cada vez más la alegría que irrumpe
desde el fondo de tu alma,
hasta que ella impregne toda tu conciencia".
Sí, Señor, te pido que me pongas en contacto
con la alegría que ya está en mí,
para que cada día me decida de nuevo
a favor de la alegría.
Amén.

LIBÉRAME
DE LAS DIVAGACIONES

No añorar las decisiones

Dios bueno y misericordioso,
cuando he tomado una decisión, no me tranquilizo.
Pienso si la decisión fue realmente correcta.
Añoro aquello contra lo cual me he decidido.
Siento que tomé muy rápido la decisión.
Pero, cuando pienso en revertir la situación,
tampoco encuentro tranquilidad.
No sé lo que debo hacer.
La decisión no lleva claridad a mi vida.
Decido y, en el fondo, no tengo que decidir.
Pues siempre doy vueltas alrededor
de las consecuencias de esta decisión
y alrededor de las posibles consecuencias
de la otra decisión.
No puedo quitar de mi mente esta cavilación.
Envíame tu espíritu de claridad, para que,
en definitiva, pueda sacar de mi mente
estos pensamientos y me pueda concentrar total
y absolutamente en la decisión que he tomado.

*Sí, quisiera dejar fluir mi energía
en la dirección que pretende mi decisión.
Pero, con frecuencia,
me siento muy bloqueado.
Mi energía no fluye hacia la vida,
sino solamente hacia las añoranzas.
Esto me paraliza.
Libérame de todas las divagaciones,
del llanto por todas las oportunidades perdidas.
Déjame recorrer con claridad y libertad
el camino por el que me he decidido.
Y bendice cada etapa de este camino,
para que pueda inaugurarlo en una vida,
una libertad, una paz y un amor
cada vez más grandes.*
Amén.

CONCÉDEME CONFIANZA EN MIS FUERZAS

No ser dependiente de los demás

Dios bueno y misericordioso,
no confío muchas veces en tomar decisiones,
porque tengo miedo de la forma
en que pueden reaccionar los demás.
Cuando tomo una decisión errónea, me dicen:
"Pero esto se hubiera podido prever.
¿Cómo se pudo haber tomado una decisión así?".
Detengo tanto la mirada en la reacción de los demás,
que ya no puedo pensar con claridad.
Concédeme tu Espíritu Santo,
para que me fortalezca.
Deja que tu Espíritu fluya en mi espíritu,
para que yo pueda confiar en mi propio sentimiento.
Cuando tu Espíritu irrumpe a través de mí,
entonces no es solamente mi propio espíritu
el que toma las decisiones,
pues tú estás en medio de ellas.
Entonces, ya no es muy importante la forma
en que los otros reaccionan.

*Entonces, no mantengo diálogos permanentes
con los demás ni considero
todo lo que ellos podrían decirme.
Más bien, estoy en diálogo contigo,
Dios misericordioso.
Y este diálogo me hace mejor
que las divagaciones permanentes
sobre los pensamientos de los demás.
Dame, entonces, confianza en ti y en mi fuerza,
y dame la serenidad para que yo pueda
confiarles las reacciones de los demás,
sin hacerme dependiente de ellas.
Por eso te pido por Jesucristo, mi Señor,
que fortalezcas mis espaldas.*

Amén.

Resolver las propias dudas

En las decisiones de compra

Jesucristo,
*necesito un nuevo automóvil, tengo que comprarme ropa y nuevos electrodomésticos.
Tú sabes cuánta energía gasto en esas decisiones de compras.
Voy de un automóvil a otro,
no me puedo decidir por la marca
ni por el tamaño, tampoco por el color.
Si compro ropa, voy de un centro comercial
a otro, y allí, de una tienda a otra,
y no me puedo decidir.
Voy solo a hacer compras,
porque los demás se ponen nerviosos
a causa de mi indecisión.
Libérame de mis complicadas reflexiones.
Ponme en contacto con mi sentido interior,
para que observe las cosas que quiero comprar y luego
escuche en mi interior y sienta un impulso interno
que me diga: Sí, compro esto ahora.*

*Y, cuando lo he comprado,
entonces me libero de las cavilaciones
que no aportan nada.
Jesús, tú has dicho al paralítico
que nunca podía decidir,
sino que siempre hacía reflexiones sobre su miseria,
sin modificar algo:
"¡Levántate, toma tu camilla y vete!".
Dime también estas palabras,
para que tome mi duda bajo el brazo
y me ponga de pie, haga mi decisión
y luego continúe mi camino,
sin mirar atrás.*
Amén.

Poder encontrar al otro

Hacer una visita

Santa María,
tú has visitado a tu prima Isabel;
partiste y atravesaste sola la montaña;
no te preocupaste por las reacciones de los demás.
Tú has recorrido tu camino,
porque seguiste tu impulso interior.
Cuando visito a un conocido o a un pariente,
con frecuencia no puedo decidir.
Entonces, reflexiono sobre si mi visita al otro es correcta,
si no se verá sorprendido o si le resultará molesta.
Y no sé qué motivos debo dar para mi visita.
Siempre tengo la impresión de que debo
justificar mi visita.
Todas estas meditaciones me estropean esa visita.
Gasto demasiada energía en su preparación.
Además, me desvela pensar
qué debo llevar como regalo.
¿Llevar flores será poco significativo?
¿Le gustan las flores?

Santa María, dame algo de tu espíritu,
de tu despreocupación para atravesar
el camino por la montaña.
Vacía en mí la montaña de dudas y cavilaciones,
para que yo vaya realmente al encuentro del otro
y para que sea posible también
para nosotros un encuentro maravilloso,
como el que tuviste con Isabel.
Sí, María, pido que mi visita
se convierta en una bendición para mí
y para el otro.
Amén.

Para el espíritu de serenidad

Para las decisiones en la profesión

Dios misericordioso,
*diariamente debo tomar decisiones en mi profesión:
decisiones sobre cómo organizo a mi personal,
decisiones sobre lo que la empresa debe comprar,
decisiones sobre cómo debe hacerse
o gestionarse esto o aquello.
Me siento más cómodo
cuando todo transcurre sin problemas.
Siempre que mis empleados
me preguntan si deben actuar ahora
o en otro momento, transpiro.
Esto es desagradable para mí.
No quiero tomar decisiones continuamente.
No tengo mucho tiempo para las decisiones.
Buen Dios, lléname con tu Espíritu Santo,
para que decida por tu Espíritu y no me pierda
en mi espíritu, con sus cavilaciones.
Tú has comparado tu palabra con una espada
que divide claramente.*

*Dame la dureza de tu santa espada,
para que tome mis decisiones con toda claridad
y determinación.
Dame tu espíritu de serenidad,
para que pueda tomar decisiones,
sin ponerlas después en duda.
Que tu espíritu ilumine mi vida con decisiones.
Por eso te doy gracias, buen Dios.*
Amén.

Fortalece mis espaldas

En los conflictos

Señor Jesucristo,
odio los conflictos; a lo sumo,
los negaría o los desplazaría, y los barrería bajo
la alfombra. Pero siento que esto no ayuda.
Tú no tuviste temor frente a los conflictos.
Te enfrentaste solo a los fariseos que te observaban
para ver si curabas en sábado.
Tú te enfrentaste a la discusión.
Te mantuviste en ti mismo y decidiste
de acuerdo con tu sentimiento interior,
tal como te lo mostraba tu unión con el Padre.
Jesucristo, fortaléceme
cuando enfrente conflictos.
Permanece conmigo,
para que pueda estar en mí mismo,
en conocimiento de tu asistencia, y encuentre
el valor para decidir tal como corresponde
a mi sentimiento interior.
Si tú estás conmigo, entonces también
yo puedo estar conmigo.

Necesito sentir que tú fortaleces mis espaldas,
que tú estás detrás de mí.
Enséñame a permanecer conmigo mismo,
tal como tú permaneciste en ti mismo,
y así estabas libre de las expectativas de los demás.
Concédeme esta libertad interior
y el valor que admiro en ti.
Confío en ser capaz de alcanzar libertad y confianza,
con la fuerza de tu espíritu.
Por eso te agradezco, Jesucristo,
mi hermano y mi Señor.
Amén.

Un buen camino para nosotros

Por la amistad

Jesucristo,
*Tú nos has llamado amigos.
Un amigo —así has dicho—
sabe lo que mueve al otro. Está confiado al otro.
Comparte todo con el otro.
Tú no sólo has compartido con nosotros
tus pensamientos más íntimos,
sino que también
has entregado tu vida por tus amigos.
Anhelo la amistad.
Pero, cuando tengo sentimientos
de confianza y de comprensión
hacia un hombre o una mujer,
tengo miedo de compartirlos con el otro.
Tengo miedo de que pueda sufrir un desaire,
de que el otro no quiera ser mi amigo.
Por eso, más bien no digo nada
y sufro en silencio por mí.
Pero tampoco estoy contento con ello.*

*Dame el valor de encontrar al otro
como amigo y que, cuando sienta su cercanía,
pueda responder a la amistad.
Y concédeme la confianza de que la amistad
nos hace bien a ambos.
Libérame de las dudas que corroen,
que pueden envenenar fácilmente la amistad.
Bendice nuestra amistad,
que ella sea un buen camino para nosotros
y se convierta en una bendición
para ambos y para otros.*
Amén.

Envíame tu espíritu de amor

Por la compañía

Dios bueno y misericordioso,
estoy cómodo con una compañía.
Pero, al mismo tiempo, retrocedo ante ella.
Tan pronto una mujer me simpatiza
y quiero acercarme a ella para invitarla
a caminar juntos alguna vez,
mis dudas y mis cavilaciones me paralizan,
pensando si no es demasiado pronto
o si no podría ser incómodo para ella.
Y tengo el temor de ser rechazado.
O que la persona cambie luego de un breve tiempo,
y el dolor sea muy grande para mí.
Prefiero vivir solo que experimentar el dolor
de la separación.
Pero sé que con ello me desgarro.
Envíame tu Espíritu Santo,
tu espíritu de amor, para que él me ponga
en contacto con la fuente del amor
que fluye en mí.

Y que esta fuente pueda impregnarme siempre,
incluso cuando nuestros caminos
deban bifurcarse en algún momento.
Concédeme confianza para aceptar a una mujer.
Libérame de todas las expectativas
que pueda abrigar acerca de ella,
de todas las imágenes
con las que quisiera determinarla.
Abre mi corazón para ella
y abre su corazón para mí, para que crezcamos
en confianza y en amor.
Y bendice nuestro camino común,
para que él nos conduzca a un amor
y una vida más profundos.
Amén.

Danos tu espíritu de claridad

Decisiones en la compañía

Dios misericordioso,
*nuestra compañía había comenzado
tan hermosamente… ¡Fue un gran amor!
Pero, en el último período,
nos hemos distanciado.
Ya no hablamos mucho entre nosotros.
Y no hay confianza para abordar
el verdadero problema.
Pero, cuanto más aplazamos
las decisiones maduras sobre la forma
y el modo en que configuramos
la vida y la familia,
tanto menos tenemos para decir.
Entonces, nos decimos brevemente
que deberíamos amarnos de nuevo
como al principio.
Pero todo esto sigue siendo muy vago.
Concédeme el valor de abordar abiertamente
nuestra situación.*

Díctame las palabras que puedo decir
sin lastimar al otro.
Ayúdame a encontrar las palabras
que nos conduzcan mutuamente,
palabras que edifiquen
una casa en la que habitemos juntos de nuevo.
Y, ante todo, concédenos a ambos
tu espíritu de claridad y de confianza,
de determinación y veracidad,
para que nos decidamos nuevamente por el otro
y continuemos bien
nuestro camino conjunto.
Amén.

Haz que nos escuchemos bien unos a otros

Decisiones en la vida cotidiana familiar

Dios misericordioso,
*en la vida cotidiana familiar,
permanentemente hay que tomar decisiones:
decisiones sobre cómo y cuándo se debe
renovar la vivienda,
quién se encarga de hacer los trámites.
Pero también hay decisiones
sobre cómo podemos organizar
el tiempo libre y las vacaciones.
Siento que no hablamos abiertamente
sobre nuestras decisiones.
Muchas veces, me siento solo.
Mi compañera me dice:
Hazlo como tú piensas.
Pero yo quisiera discutir las decisiones con ella.
Y mi compañera también me da a entender
que, con frecuencia, la dejo sola y dejo
en sus manos las decisiones, sin intercambiar
opiniones con ella.*

Pongo ante ti nuestra vida cotidiana,
con todo lo que debemos decidir constantemente.
Bendice nuestras decisiones.
Y muéstranos lo que debemos modificar
o aclarar en nuestra vida cotidiana,
para que hagamos las cosas más fáciles entre nosotros
y con los desafíos de cada día.
Muchas veces, nos paraliza el temor
de tomar decisiones que puedan lastimar al otro,
porque no podemos dejar de lado ciertas ideas.
Danos un corazón que escuche,
para que escuchemos bien al otro
y para que obedezcamos juntos tu voz,
que nos pueda mostrar un buen camino
de cooperación.
Amén.

Ayuda con tu fuerza maternal

Decisiones respecto de los hijos

Santa María,
como madre, tú has tenido experiencias
con el hijo que decidió en forma totalmente
diferente de lo que tú has imaginado.
Él permaneció en Jerusalén,
sin decirles nada a ti ni a José.
Esto te lastimó mucho.
Tú conoces las situaciones en las que
nos encontramos frecuentemente como padres,
cuando nuestros hijos no entienden,
cuando debemos tomar decisiones,
pero no sabemos si ellas son realmente buenas.
Muchas veces, tenemos dudas
sobre si no seremos muy estrictos.
Pero sentimos que debemos poner límites
y que tenemos que decidirnos, en la educación,
por una línea claramente consecuente.
Sin embargo, se nos hace difícil
mantenernos firmes en las decisiones.

*Con demasiada facilidad
las dejamos sin efecto cuando los hijos
se lamentan de algo delante de nosotros
o nos reprochan que somos anticuados y reprimidos,
mientras que otros padres no plantean
los mismos problemas.
Santa María, danos algo de tu espíritu maternal,
que abraza al hijo y le exige a la vez
que lo desafía.
Danos la confianza de saber que la bendición
de Dios acompaña y protege a nuestros hijos,
y que un ángel está con ellos y va con ellos,
aunque a veces tomen desvíos y caminos equivocados.
Permanece con nosotros con tu fuerza maternal
y ruega por nosotros a Dios,
para que decidamos siempre bien
respecto de nuestros hijos.*
Amén.

Escuchar
lo que quieres de mí

Al aceptar un cargo

Dios bueno y misericordioso,
*la empresa me ha hecho un ofrecimiento
para asumir más responsabilidad.
Los miembros de la junta
me han sugerido como gerente.
El partido me presiona para que me postule
en las elecciones.
Por un lado, me siento honrado.
Pero, por otro lado, tengo miedo
de no estar maduro para la responsabilidad
y para la tarea de conducción,
de ser inseguro y cometer errores.
Tengo miedo de descuidar a mi familia
frente a un trabajo más exigente.
Me siento "tironeado" y no sé lo que debo hacer.
Los otros me urgen a asumir la tarea.
Pero no sé qué debo decidir.
Por un lado, quisiera llevar una vida más cómoda;
el dinero alcanzaría para nuestra familia.*

Por otro lado, siento también
la presión de asumir una responsabilidad,
no sólo por la empresa sino también por la sociedad.
¿Pero esto es sólo ambición u orgullo?
¿Dónde queda la humildad?
Buen Dios, envíame tu espíritu de claridad,
para que, en todas las reflexiones,
yo logre sentir lo que tú quieres de mí.
Háblame y crea en mí claridad y confianza
para decidir, sin temer en qué forma
reaccionarán los demás.
Quédate conmigo, para que mi decisión
sea una bendición para mí,
para mi familia y para mi entorno.
Amén.

LLÉVANOS A LA VIDA MÁS GRANDE

Frente a un cambio de lugar

Dios bueno y misericordioso,
*mi esposo ha recibido de su empresa
un ofrecimiento para ascender jerárquicamente.
Pero esto significaría un traslado
a otra ciudad.
Mi esposo hará esto, que seguramente es bueno.
Pero tengo miedo de sentirme sola
en la nueva ciudad.
Debo abandonar mi círculo de amigas,
en el que me siento tan cómoda.
Y tengo miedo respecto de los niños.
Ellos deberían cambiar de escuela, perder a sus amigos,
su equipo deportivo y su comunidad eclesial.
No sé si debemos hacerles esto a los niños.
Antes de que tomemos una decisión,
te pido por tu espíritu, para que encontremos,
ante todo, el valor de abordar abiertamente
en la familia todo lo que concierna
a esta cuestión.*

*Haz que nos escuchemos bien
unos a otros y haznos escuchar a tu espíritu
sobre lo que él quiera decirnos.
Y también danos el valor para tomar una decisión
que sea una bendición para todos en la familia.
Muéstranos dónde el desafío nos hace bien
y dónde nos abruma.
Haznos tomar la decisión que nos lleve a una vida,
una libertad y un amor más grandes.*
Amén.

Ser una bendición para mí y para los demás

Frente al estudio o la instrucción

Dios bueno y misericordioso,
*no sé qué camino formativo debo seguir,
no sé cuál carrera es correcta para mí.
Hay tantas posibilidades…;
pero ninguna me da la seguridad
de que yo seré feliz en esta área,
de que yo encontraré un buen puesto
de trabajo que me satisfaga.
Y no sé qué carrera es correcta para mí,
si busco educación.
Pero sé que debo decidir.
Y sé también que, luego de dos años,
no podría abandonar esa carrera
para decidirme por otra.
Por eso te pido, buen Dios,
que me ayudes a decidir.
Envíame tu Espíritu Santo, para que
encuentre la paz interior y la claridad
con la que debo decidirme.*

*Y concédeme la confianza de que tú
bendices mi educación,
y que interior y exteriormente me hace avanzar,
que se convierte en una bendición
para mí mismo y que, con esta educación,
podré convertirme
en bendición para otros.*
Amén.

Un buen futuro para nosotros y para los hombres

Decisiones en el grupo

Señor Jesucristo,
*Tú mismo has experimentado
cómo tus discípulos se han peleado,
cómo no siempre tenían una misma opinión y cómo,
con frecuencia, no entendían tu mensaje.
Por eso, tú conoces nuestra situación en el grupo.
Todos lo creen bueno. Pero, a pesar de ello,
más allá de la opinión de los individuos,
siempre hay intereses propios.
Algunos, que dicen que sólo argumentan
objetivamente, luego se escudan en su argumentación,
con la que han perseguido también objetivos propios.
Con frecuencia, estoy bajo presión para reunir las distintas
aspiraciones en el grupo, en una decisión clara.
Envíanos tu Espíritu Santo, tu espíritu de reconciliación,
para que no nos peleemos en la decisión,
y envíanos tu espíritu de claridad para que,
en todas las discusiones, se llegue a una conclusión
clara y razonable para todos.*

*Envíanos tu espíritu de libertad,
para que seamos libres de los propios intereses
y decidamos realmente para bien de todos.
Ayúdanos para que decidamos de tal modo
que hagamos posible un buen futuro para nosotros
y para todas las personas.*
Amén.

Buscar tu verdadera voluntad

Decisiones de conciencia

Dios bueno y misericordioso,
Tú conoces mis pensamientos y reflexiones.
Tú ves en mi corazón
y sabes lo que es adecuado para él.
Me siento entre la espada y la pared.
Conozco tus mandamientos,
conozco las reglas
en las que me debo apoyar.
Pero también siento que no es suficiente
decidir según las ventajas externas.
Siento que los mandamientos
no son suficientes para tomar
una clara decisión.
Se trata de tu verdadera voluntad.
Y se trata de lo que es coherente para mí mismo
y para las personas que serán afectadas
por mis decisiones.
Te presento todas mis consideraciones:
mis dudas y mis sentimientos.

*Guíame a lo profundo de mi alma,
para que allí reconozca tu voluntad,
ahora, en este momento.
Concédeme la confianza
en que lo que decido se corresponde
con tu voluntad, aun cuando
no considere para nada las reglas externas,
aunque otros critiquen mi decisión,
porque no se adecua a las normas.
Siento que soy vulnerable cuando decido
según mi conciencia.
Por esto, dame el valor y la claridad para decidir
tal como afirma la voz en el fondo de mi alma,
la voz con la que coincide mi ser
más profundo.*
Amén.

Muéstrame el camino

*Decisión fundamental
sobre mi vida*

Dios misericordioso,
*estoy frente a la decisión
de seguir el camino
del matrimonio y la familia,
o el camino del celibato como religioso,
sacerdote o monja.
Siento en mí el llamado
a una vida espiritual.
Pero, con frecuencia, ansío también
estar seguro en una familia y en el amor
de una sociedad conyugal.
Cuando me imagino
el camino en la orden religiosa,
entonces me pregunto, muchas veces,
si esto surge de mi ambición espiritual
o procede realmente de tu llamado.
Cuando me imagino
casado y abrazando una profesión
en el mundo, me pregunto*

*si no es que quiero recorrer
el camino más fácil.
En ambos caminos, surgen
dudas en mí.
No sé lo que Tú quieres de mí.
Y no sé en qué puedo confiar
en mis sentimientos; si Tú hablas
realmente en mis sentimientos
o si sólo me lo imagino.
Por eso, pongo ante ti los dos caminos
que mi espíritu se representa.
Me entrego a tu juicio.
Estoy preparado para cumplir
tu voluntad.
Muéstrame, en la oración,
qué camino debo transitar.
Dame la tranquilidad de saber
cuándo es el tiempo para decidir
y emprender un camino.
Al mismo tiempo,
dame la paciencia cuando,
a pesar de toda oración y meditación,
todavía no se perfila un
camino claro.*

*Deja obrar en mí
a tu Espíritu Santo, hasta que pueda
tomar una decisión.
Y, con tu bendición,
dame también el valor para transitar
el camino que tú me has mostrado
como el indicado.*
Amén.

Bibliografía

Gründel, Johannes, "Verbindlichkeit und Reichweite des Gewissensspruches", en Johannes Gründel (ed.), *Das Gewissen. Subjektive Willkür oder oberste Norm?*, Düsseldorf, 1990, pp. 99-126.

Halík, Tomáš, "Eine Macht über der Macht. Zu Guardinis Vision der Postmoderne", *Zur Debatte*, 7/2010, pp. 1-5.

Heinzmann, Richard, "Der Mensch als Person. Zum Verständnis des Gewissens bei Thomas von Aquina", en Johannes Gründel (ed.), *Das Gewissen. Subjektive Willkür oder oberste Norm?*, Düsseldorf, 1990, pp. 34-52.

Jellouschek, Hans, *Die Kunst, als Paar zu leben*, Stuttgart, 2005.

Jonas, Hans, *Das Prinzip Verantwortung. Versuch einer Ethik für die technische Zivilisation*, Fráncfort, 2003.

Jung, Carl Gustav, *Mensch und Seele*, Olten, 1971.

Stefan Kiechle, *Sich entscheiden*, Wurzburgo, Ignatianische Impulse, 2004.

Meier, Urs, *Du bist die Entscheidung. Schnell und entschlossen handeln*, Fráncfort, 2008.

Metz, Johann Baptist, "Entscheidung", en Johannes Gründel (ed.), *Das Gewissen. Subjektive Willkür oder oberste Norm?*, Düsseldorf, 1990, pp. 281-288.

Pieper, Josef, *Traktat über die Klugheit*, Múnich, 1949.

POLLAK, KAY, *Für die Freude entscheiden. Gebrauchsanweisung für ein glückliches Leben*, Múnich, 2008.

RAHNER, KARL, "Tod", en Karl Rahner y Adolf Darlap (eds.), *Sacramentum Mundi. Theologisches Lexikon für die Praxis IV*, Friburgo, 1969, pp. 920-927.

WALDMÜLLER, BERNHARD, *Gemeinsam entscheiden*, Wurzburgo, Ignatianische Impulse, 2008.

WICKERT, ULRICH, *Das Buch der Tugenden*, Hamburgo, 1995.

WIEDMANN, FRANZ, *Die Strategie des Gentleman. John Henry Newmans Gewissensposition*, en Johannes Gründel (ed.), *Das Gewissen. Subjektive Willkür oder oberste Norm?*, Düsseldorf, 1990, pp. 71-84.

ÍNDICE

Introducción 3

1.
La decisión en el evangelio de san Lucas 7

2.
El hombre es decisión 25

3.
Obstáculos en la decisión 33

4.
Ayudar a tomar decisiones 48
    Aproximaciones 50
    Decisión y Oración 57
    Caminos concretos de ejercitación 68

5.
Decisión y Responsabilidad 78

6.
Decisión y Ritual 86

7.
Las diferentes formas de la decisión 94
    Decisiones de vida 95
    Decisiones en la sociedad 102
    Decisiones en el trabajo 109
    Decisiones en la vida cotidiana 115
    Decisión por la vida 122
    Decisiones comunes 133
    Decisión de conciencia 140

Pensamientos para conclusión 147
    Debemos decidir diariamente 147

Oraciones a la hora de tomar decisiones 151
    Decidirme por la vida 152
    Bendice lo que tengo en mis manos 154
    Poder elegir la alegría 156

Libérame de las divagaciones 158
Concédeme confianza en mis fuerzas 160
Resolver las propias dudas 162
Poder encontrar al otro 164
Para el espíritu de serenidad 166
Fortalece mis espaldas 168
Un buen camino para nosotros 170
Envíame tu espíritu de amor 172
Danos tu espíritu de claridad 174
Haz que nos escuchemos bien unos a otros 176
Ayuda con tu fuerza maternal 178
Escuchar lo que quieres de mí 180
Llévanos a la vida más grande 182
Ser una bendición para mí y para los demás 184
Un buen futuro para nosotros y para los hombres 186
Buscar tu verdadera voluntad 188
Muéstrame el camino 190

Bibliografía 193

Printed in Great Britain
by Amazon